THINKING FOR A LIVING

思考生存

——如何优化知识员工的绩效和成果

〔美〕托马斯·H.达文波特 著

袁庆宏 译

商务印书馆

2007年·北京

Thomas H. Davenport

THINKING FOR A LIVING

How to Get Better Performance and Results From Knowledge Workers

Original work copyright © Thomas H. Davenport.

Published by arrangement with Harvard Business School Press.

图书在版编目(CIP) 数据

思考生存——如何优化知识员工的绩效和成果/(美)
达文波特著;袁庆宏译. —北京:商务印书馆,2007
ISBN 7 - 100 - 05244 - 0

Ⅰ.思… Ⅱ.①达…②袁… Ⅲ.企业管理:人事管理
Ⅳ.F272.92

中国版本图书馆 CIP 数据核字(2006)第 116269 号

思 考 生 存
——如何优化知识员工的绩效和成果
〔美〕托马斯・H.达文波特 著
袁庆宏 译

商 务 印 书 馆 出 版
(北京王府井大街36号 邮政编码 100710)
商 务 印 书 馆 发 行
北 京 瑞 古 冠 中 印 刷 厂 印 刷
ISBN 7 - 100 - 05244 - 0/F・643

2007 年 7 月第 1 版　　　开本 700×1000　1/16
2007 年 7 月北京第 1 次印刷　　印张 16
印数 6 000 册
定价:32.00 元

致 中 国 读 者

哈佛商学院经管图书简体中文版的出版使我十分高兴。2003年冬天,中国出版界朋友的到访,给我留下十分深刻的印象。当时,我们谈了许多,我向他们全面介绍了哈佛商学院和哈佛商学院出版公司,也安排他们去了我们的课堂。从与他们的交谈中,我了解到中国出版集团旗下的商务印书馆,是一个历史悠久、使命感很强的出版机构。后来,我从我的母亲那里了解到更多的情况。她告诉我,商务印书馆很有名,她在中学、大学里念过的书,大多都是由商务印书馆出版的。联想到与中国出版界朋友们的交流,我对商务印书馆产生了由衷的敬意,并为后来我们达成合作协议、成为战略合作伙伴而深感自豪。

哈佛商学院是一所具有高度使命感的商学院,以培养杰出商界领袖为宗旨。作为哈佛商学院的四大部门之一,哈佛商学院出版公司延续着哈佛商学院的使命,致力于改善管理实践。迄今,我们已出版了大量具有突破性管理理念的图书,我们的许多作者都是世界著名的职业经理人和学者,这些图书在美国乃至全球都已产生了重大影响。我相信这些优秀的管理图书,通过商务印书馆的翻译出版,也会服务于中国的职业经理人和中国的管理实践。

20 多年前，我结束了学生生涯，离开哈佛商学院的校园走向社会。哈佛商学院的出版物给了我很多知识和力量，对我的职业生涯产生过许多重要影响。我希望中国的读者也喜欢这些图书，并将从中获取的知识运用于自己的职业发展和管理实践。过去哈佛商学院的出版物曾给了我许多帮助，今天，作为哈佛商学院出版公司的首席执行官，我有一种更强烈的使命感，即出版更多更好的读物，以服务于包括中国读者在内的职业经理人。

　　在这么短的时间内，翻译出版这一系列图书，不是一件容易的事情。我对所有参与这项翻译出版工作的商务印书馆的工作人员，以及我们的译者，表示诚挚的谢意。没有他们的努力，这一切都是不可能的。

哈佛商学院出版公司总裁兼首席执行官

万季美

CONTENTS

管理的艺术　艺术地管理

——推荐序

达文波特对于中国的读者来说也许并不陌生,这位大师赢得的赞誉数不胜数,"新经济十大杰出人物"、"全球顶尖25名咨询师"、"最具影响力的200位商界大师"等众多光环让他的名字熠熠生辉,有人甚至预言他也许会成为下一个彼得·德鲁克。

对于埃森哲来说,达文波特是一位老朋友,他曾担任过埃森哲战略变革研究院(埃森哲卓越绩效企业研究院前身)的主任。三年前,他携新作《最优理念》来到上海,并参加了埃森哲"如何创建高绩效企业"论坛,为我们带来了很多真知灼见。在本书中,我再一次领略到了大师的严谨、智略与深度。

达文波特的许多著作,如《流程创新》、《注意力经济》等都成了经典之作,广为流传。他提出的"流程再造"、"知识管理"、"注意力经济"等概念都一石激起千层浪,引起了学术界、企业界对这些课题的深入讨论。在这本新作中,他探讨的是"人"的问题。管理的基础归根结底离不开一个字——"人"。谈到用人,中国有这样一个成语:"知人善用"。知人,才能善用。对于知识工作者——这一数量日益庞大、并已成为很多公司最昂贵的资产的人群——如何"知"、如何"用"?如何相处、合作、考核、升迁乃至管理与领导?这的确是一系列值得深思的课题。

两百多年前,工业革命实现了从农业经济向工业经济的转变;今天,信息技术革命则使世界经济从工业经济向知识经济转变。在中国,情况也是如此。以前,知识工作者为数不多,生产线上的工人是主力,所以大家都谈工厂管理,如精益生产、质量控制等。而如今,很多 CEO 每天在管理的并不是生产一线的体力劳动者,而是那些坐在办公桌前、对着电脑忙碌的知识工作者,甚至是那些足不出户、在家办公的员工们。这些人每天绝大部分的时间是在用大脑思考,他们需要沟通、需要创新、需要认同感,并且对其工作成果很难进行量化评估。因而,习惯发号施令或是强调监督这些典型工业时代的管理模式已经不再适用了。

如何管理这些独立自主、其工作绩效却关乎企业成败的知识工作者呢?我们需要创新的管理模式,更需要管理的艺术。传统的上下级关系应该发生变化。作者指出,知识工作者的领导应该扮演一种"队员兼教练"的全新角色,既与团队并肩工作,又在必要的时候给予指导,从某种程度上说,这是一种亦师亦友的关系。达文波特基于对百余家企业、600 多位知识工作者的分析,深入探讨了知识工作的特征、流程以及绩效衡量方法，并且根据工作复杂程度、需要协作程度进一步将知识工作者细分为四种类型，主张用不同的方法进行管理，以提升员工的绩效。

　　德鲁克早在1969年就预见到了知识工作者可以足不出户在家办公的可能性，并且预言："知识工作者比科技、信息或是电子商务更有可能改变组织的未来。"知识工作与知识工作者巨大的影响力，正在逐步改变着我们的社会。尽管现在的社会更喜欢网络而不是书籍，更相信直觉而不是研究，更倾向于实用主义而不是理论家，但是，重新回归到对知识、对管理的关注应该是潮流所趋、历史必然。艺术地管理吧，让"贤者在位，能者在职，各安其职，各尽其才"的卓越绩效组织不再是梦想。

李　纲

埃森哲大中华区主席

思考

译 者 序

越来越多的管理者不约而同地认识到：作为知识载体的知识员工是当今企业制胜的关键。自从管理大师彼得·德鲁克提出"知识员工"的概念后，管理学界在谈及知识员工时，一个最受推崇的信条就是"挑选最优秀的人，给予他们最大自由"。然而管理者在企业实践中却不得不面对这样的困惑：知识存在于知识员工的头脑中，当他们呆坐在办公桌前却美其名曰"思考"的时候，你如何确定他们是否在工作或是否在尽力工作？近十年来，知识员工的管理实践也证明：企业并没有因为给予知识员工最大的工作自由而获得绩效的显著提升。那么什么才是知识员工管理的真谛？有没有切实可行的措施帮助企业有效管理知识员工？我相信本书将能够给予您一个明确的答案。

巴布森学院（Babson College）信息技术和管理系系主任、埃森哲战略变革研究院（Accenture Institute for Strategic Change）的前任常务董事、知识管理专家托马斯·达文波特基于对100多家公司超过600位员工的访谈资料以及对知识

管理近十年的研究成果写成本书——《思考生存》。

思考生存,就是以思考的方式生存,以思考的方式创造成果与价值。对知识员工而言,运用智慧和知识进行思考是其生存的方式;对企业而言,恰当管理知识员工的思考过程,日益成为其获取组织绩效与成果的主要途径。本书围绕优化知识员工绩效的主题展开论述,具体内容涉及如何识别知识员工,如何理解知识工作过程,如何开发知识员工的潜能,如何有效投资知识员工的学习和社会网络,如何设计知识工作物理环境等。

本书内容贴近管理实践,行文活泼,很多颇具见地的观点颠覆了传统知识管理的教条内容。例如,创新而非掌握知识是知识员工的关键特征;知识员工因追求个性发展而具有多样性,但在实践中却可以通过将其归类为四维矩阵简化管理;将知识嵌入工作才能真正发挥知识库的作用;现代化信息工具的使用数量和频次并不能说明知识员工管理的效率,组织应该通过培训提升知识员工驾驭信息工具的能力;物理环境的设计要在适当封闭与易于交流间平衡才能改进知识工作绩效等。

如果您是一位管理者,阅读本书将使你获得知识员工管理的最新视角和操作方法以提高组织绩效;如果你是一位知识员工,阅读本书将使你更加了解自己和自己的工作以赢得未来竞争;如果你是一位普通员工,阅读本书也将为你开辟职业发展的新路径,毕竟知识员工才是未来驱动经济发展的核心力量。

本书的翻译由我和我的研究生佟晶晶、陈文峰、朱莹毅共同完成,最后由我审校全文。我近年一直为研究生讲授"绩效评价"与"职业生涯管理"的课程,并长期关注知识员工管理与组织绩效提升方面的研究。我更愿意将该书的翻译过程看作是一个知识型团队研讨、学习与分享的过程,我们的研讨有助于译稿最大限度地与原著一致,更准确地表达出作者原本的思想。在翻译和研讨过程中还得到刘建辉、周燕和董金子的切实帮助,在此表示衷心的谢意。最后感谢本书的翻译和出版过程中,商务印书馆的张如帆女士所付出的专业细致的劳动。

　　知识员工的绩效管理是知识经济时代最重要的问题,希望我们的工作能够为推动中国管理学界及企业管理实践的发展作出自己的贡献。本书翻译中的不周之处,欢迎读者批评指正。

袁 庆 宏

于南开大学商学院

2006 年 12 月

思考

序 言 和 致 谢

长久以来,我一直计划着要完成这本书,它与我的知识兴趣和研究背景十分契合。本书的内容恰处于我长期研究的两个领域——过程和知识——的结合点。20世纪80年代末,我开始从事业务流程改进和管理的研究。大约在1993年,我意识到相较大部分公司所采用的过程再造和改进措施,知识密集型过程需要采用一系列不同的方法。然后在1994年,我开始了知识管理研究和写作的工作。多年来,我一直倡导知识管理应当包括"人、流程和技术",但直到20世纪90年代末,我才开始关注这个综合体中涉及过程的部分。

由于一直打算完成这本书,我从事了一系列涉及知识员工和他们工作的研究,希望这些研究能够成为本书关键章节的基石。大部分研究都有合作者参与,特此感谢他们在这些项目中的帮助以及给予我的研究灵感。我首先与得克萨斯大学(University of Texas)的舍卡·加文伯(Sirkka Jarvenpaa)以及迈克·比尔斯(Mike Beers)合作,然后与安永公司(Ernst&Young)合作,最后于1996年在《斯隆管理评论》上

发表名为《改进知识工作流程》的文章,其中很多理念融入在本书的第二章和第四章。

1998年我成为埃森哲战略变革研究院的主任,在那里和很多同事共同做过一些相关项目的研究,这些研究成果在本书中也有所体现。本书中我使用的知识工作类型四维矩阵就来源于我与珍妮·哈里斯(Jeanne Harris)和莉·多诺霍(Leigh Donoghue)合作的一个关于知识管理的项目。后来鲍勃·托马斯(Bob Thomas)、休·坎特雷尔(Sue Cantrell)和我合作从事了一项我们称为"工作的艺术:提升高端知识员工工作绩效"的研究。它构成了本书第八章的大部分内容。我和休、弗吉尼亚大学的鲍勃·克罗斯(Bob Cross)在一个项目上有过合作——评价高绩效知识员工的社会网络;这项研究是本书第七章的基础。第九章是与沃伦·本尼斯(Warren Bennis)合著的关于知识员工管理和领导力的文章的结论。它其实并未真正形成一篇合著文章,但我很高兴使用沃伦和我曾经探讨过的一些观点,这些观点他曾在他的文集庆祝会上提及,并构成了他文集卷中的一章。

还是在埃森哲,我有幸和一家名为"信息工作生产理事会"的IT企业协会合作。微软(Microsoft)先与我进行的合作,埃森哲、思科、惠普、英特尔、SAP和施乐(Xerox)等公司紧随其后。当我2003年离开埃森哲前往巴布森学院任教时,我已经是这个协会的学术带头人,同时主持了一项独特的关于"个人信息与知识管理"的研究项目,它构成了本书第六章的核心。在IWPC项目中我与微软公司的苏珊·康维

（Susan Conway）、施乐的丹·霍兹豪司（Dan Holtshouse）、美国生产和质量中心的卡拉·奥德尔（Carla O'Dell）和玛丽·李·肯尼迪（Mary Lee Kennedy）（后来加入 Microsoft）紧密合作。

自从任教巴布森学院以来，我已经在工作知识研究中心和过程管理研究中心从事过很多与本书相关的研究项目。这些项目大约有四十个赞助商，因此我无法把他们都列出来。我很感激让我参与探讨关于"高绩效知识员工环境"和"管理知识密集型过程"问题的管理者们。过程管理项目的执行主任布拉德·鲍尔（Brad Power）对我的观点给予了很多有价值的反馈，十多年来，工作知识项目的协调主任拉里·布鲁萨克（Larry Prusak）激发了我源源不竭的洞察力、灵感和生动语言。

我一直致力于描述那些商界人士充满冒险色彩的故事，本书也不例外。感谢所有向我贡献他们宝贵经验的经理们，是他们的无私共享才有了本书生动的内容。有太多人值得感谢，特别是伴侣健康护理中心的约翰·格拉瑟（John Glaser）、BT 的凯文·亚当斯（Kevin Adams），以及英特尔公司的卢克·孔斯（Luke Koons）。

十多年来我与哈佛商学院出版社保持着良好的关系，而且我始终相信他们是商业出版商中的出色代表。梅琳达·梅里诺（Melinda Merino）是一个优秀的编辑，她一直在通过非正式和正式的意见激励我涌现更多、更好的想法。我也从四位匿名评论家那里获得了非常有益的意见，我推断其中两

序言和致谢

位是丹·霍兹豪司和霍利斯·亨伯特（Hollis Heimbouch），
以便我可以点名道谢。十分感谢霍利斯·亨伯特长期以来
的支持，莫妮卡·贾因斯奇格（Monica Jainschigg）熟练的打
印编辑，马西·巴恩拿—亨瑞（Marcy Barner-Henrie）通过出
版使本书得以问世，杰纳特·波提尔（Zeenat Potia）和她的
团队提供吸引人的封面设计。

　　我的夫人乔迪（Jodi）一直以来是我的经纪人、顾问、读
者、朋友和爱人。如果没有她，我根本无法完成此书或任何
其他书籍。我可爱的儿子海斯（Hays）和蔡斯（Chase）对于他
们爸爸的书始终很健忘，但是我提到他们是希望将来有一天
他们能够因此而自豪。布奇（Bucky），一直是我的爱犬，不幸
于本书的创作过程中死去，我十分怀念写作时它伴在脚边的
情景。

第一章　究竟什么是知识员工？

罗宾（Robin）在管理上感到有些力不从心了。她是一家大型专业服务公司媒体与分析师事务部门的主管。有八位员工直接向她报告，他们都是知识员工（knowledge worker）。他们中的一些人负责处理特定类型的媒体事务，其他人负责与行业分析师接洽，她自己也从事一些具体业务。她的工作职责就是要改进公司的公众形象——实际上，对她自己而言，这个使命有些模糊和难以衡量。

她的下属中只有一半和她在纽约总部工作，而且就这四个人，也仅有一个和她在同一层楼办公。他们的工作习惯都十分独立，大部分人她没办法经常见到，因为有些人经常在家工作。这个团队过去曾经试图召开每月例会，但由于公司存在差旅报销限额，他们无法维持这项约定。罗宾感到大部分时候她都无法确切地了解到下属正在忙些什么。当然，她会了解他们每周电话会议的内容，但是，不开会的时候他们在干什么呢？她自认相信他们，但也会时常怀疑他们工作的努力程度和有效性。

　　她为自己的团队设立了一些评价标准,例如媒体引用次数或者分析师报告中的肯定评级。但是当事情进展不顺的时候,她的下属经常早有借口——"我们最强大的思想领袖之一源自实践",或者"那个分析师一直挖苦我们"。她能有什么其他的方法来衡量这些无形的"关系"或"印象"呢?而且很多情况下,她的下属是正确的——相较罗宾而言,他们与记者、编辑和他们负责的分析家关系更近。罗宾亲自从事过具体业务,所以比较了解工作内容,但她也深知这种类型的工作日新月异,而且高度依赖人际关系因素。因此她避免太直接地批评那些看似低绩效的结果;她无法承担丧失下属长期以来建立的客户关系和市场洞察力的损失。

　　实际上,有一些员工确实比其他人具有更高的生产力。例如,就有那么一位员工,她的新闻覆盖率和行业分析师的访问数量是其他员工的两倍。群体中的其他员工这样诋毁她的绩效:"她所负责的服务线确实比我更容易出彩。"可罗宾认为这位员工确实付出了相应的努力。罗宾曾经试图找出她成功的秘诀,但从未直接和她谈过这个问题,因为她担心如果太直接地告诉这个员工她绩效表现突出,她会要求加薪。

　　罗宾一直在试图寻找出能激励其团队成员提高绩效的方式,但是没有任何迹象表明她找到了答案。例如,在本周的电话会议上,她打算宣布启动与媒体和行业分析师探讨公司新的营销活动。她确信一些爱发牢骚的下属会提醒她:"渠道已经超载了;我们真的没办法再管其他的事情了。"事实上,情况比员工们预期的更糟;罗宾的老板已经告诉她因为明年预算削减,她需要裁减一个雇员。人手的缩减将需要每个人负担更多的工作;每一个人都需要提高生产力。但是罗宾发现她难以想象她会从那些几乎无法见面的员工身上获得更多的产出,可恰恰是这些人比她更了解具体业务。从短期来看,她只想访问一位她一直致力于建立关系的记者——从事她自己的知识工作远比改进其他人的工作要容易得多。

像罗宾一样,你、我,以及大多数我们的朋友和同事,都是知识员工。我们都在思考如何生存。也和罗宾一样,我们中的很多人都管理着其他知识员工。我们一直在尽力工作,或者算是吧。我们能够像罗宾那样找到一个提高知识员工工作绩效的方式吗?我们中的大多数人甚至从未分析过自己的工作绩效,也从未从管理者那儿获得能使工作更加有效和更具生产力的帮助。我们期望能够更加有效地完成自己的工作——同时也能够帮助他人如此——但是我们并不知道如何去做。我们比其他任何一个人都更加了解自己的工作,因此很难要求管理者来改进我们的工作绩效,而且无论何时我们都不愿自己的工作被别人指点。我们从未思考过我们是知识员工的事实,或者这个事实启迪我们如何执行和改进每天的工作。我们是知识员工,这将带来什么不同呢?当然这并非是一个新鲜的话题。这种工作类型已经存在了几个世纪——想想中世纪的修道士,或者大学里的第一批教授们吧,那为什么现在又来写他们呢?正如我在本章后面将

要谈到的,即使不考虑其他方面,单凭他们是一个庞大的工作群体,就足以证明其重要性——在复杂经济(sophisticated economics)中,他们所占的劳动力比重可能会高于历史上任何时候。

但是即便不从规模上探讨这种类型员工的重要性,他们也相当重要。在组织中,知识员工负责启动革新和促进增长。他们开发新产品和服务,策划市场项目,设计组织战略。在现今的经济背景下,他们是驱动经济进步的动力。如果期望利润更加丰厚,期望战略成功,期望我们的社会更加进步——只要知识员工能以更具生产力和更加有效的方式进行生产,这些目标终将实现。

知识员工持续增长的重要性

当然,多年来我们早已预见到知识工作的增长。[1] 一个世纪以前,工业和农业的自动化解放了大部分从事繁重体力工作的劳动力。在过去的半个世纪间,计算机的出现和信息技术的普遍深入,需要能够获得第一手信息,迅速从中提取价值并使之应用的员工。经济学家弗里茨·马克卢普(Fritz Machlup)做了大量关于知识和知识工作角色(knowledge work roles)的早期基础性研究;早在1958年他就提出,知识员工的数量占美国劳动力总量的三分之一,而且知识工作部门的增长速度是其他经济部门的两倍。[2]

21世纪早期,发达经济(advanced economics)中大约有四分之一到二分之一的员工是知识员工,他们主要从事知识和信息的处理工作(参见下一节"有多少知识员工呢?")。即使在数量上不占优势,他们对其所处的经济领域的影响力也是最大的。他们收入最高,提供了最大的经济价值,他们是公司价值最重要的决定力量。拥有高比例知识员工的公司——我们姑且称之为知识密集型(knowledge-intensive)公司——在美国和其他发达国家(leading economics)中都是增长最快和最为成功的,而且在过去的二十多年间是它们驱动了这些经济增长的大部分。仅包括有型资产在内的账面价值低估了很多知识密集型公司的市场价值——包括市场对知识和知识员工价值的敏感性〔过去的 20 年间,美国公司的市账比(ratio of market to book vaule)已经翻了一番,足以证明知识资产价值的剧增〕。即使在所谓"工业"公司中,知识也被越来越多地用于区分物质产品以及增加产品关联服务的多样性。正如詹姆斯·布赖恩·奎因(James Brian Quinn)已经指出的,制造业公司中的大部分员工(例如半导体行业中这个比例大约有 90%)从不接触制造流程,取而代之的是提供以知识为基础的服务,例如市场营销、分销和客户服务。[3]

很明显,那些从事高水平和高质量知识工作的公司是增长最快和利润最高的。例如微软(Microsoft)就是历史上最具赢利性的组织的典型代表。美国法玛西亚制药有限公司(Pharmaceutical)不仅生产精密的和生命急救的药物,也倾向于有很高的利润边际。具有成长性的产业一般都拥有高比例的知识员工。

有多少知识员工呢？

既然知识工作和知识员工的定义并不精确，我们很难准确地指出在任何一个特定国家有多少知识员工。但无论如何定义，在如美国和欧洲一些发达国家中，确实存在很多知识员工。他们最少要占美国劳动力总数的四分之一，最多可能会达到一半。

美国劳工部劳工统计局（Bureau of Labor Statistic）并没有将知识员工分类，但是它把美国员工界定为知识型和非知识型的类别（这虽然有点武断，但却是可信的）。我倾向于把从事下列类别工作的员工归入知识员工的行列：

➢ 管理
➢ 商业和财务运营
➢ 计算机和数学
➢ 建筑和工程
➢ 生命、物理和社会科学
➢ 法律
➢ 医护工作
➢ 社区和社会服务
➢ 教育、培训和图书馆
➢ 艺术、设计、娱乐、运动和传媒

依据以上分类，单就美国而言就有大约 3600 万知识员工,占劳动力总数的 28%。当然,没有任何分类是尽善尽美的(例如,专业运动员被包括在知识员工的类别中,因为美国政府的数据系统将他们归为艺术、设计、娱乐和传媒类别),很明显,从事这些工作的大部分员工都在为生存而思考着。

鲁宾(Rubin)和休伯(Huber)使用不那么保守的分类标准(例如,他们将牧师包括在内)推断,截至 1980 年,大约有 4500 万知识员工。[a]也许最简单的标准要算美国劳工部劳工统计局的"管理、专家和技术"员工分类,据其测定 2003 年知识员工的比重大约占劳动力总数的 34%。另外一个测定知识员工数量的方法是看其占劳动力总数的百分比,这里,劳动力被界定为具有从事知识工作实际技能的劳动力。一份美国教育部的报告指出,大约 25% 的美国员工有能力支配复杂或中度复杂的数学和语文信息并把它们转化为知识。马克·波拉特(Marc Porat)使用另外一种标准定义"信息员工"(每种方法都有其特殊性,例如,本例中,这个类别包括 50% 的个体劳动者),于 1977 年计算出的这些员工大约构成了劳动力总数的一半,那时他们的报酬总额超过了非信息员工。[b]

虽然可能从事相同领域的工作,但美国之外的国家会有不同的知识员工的定义和数量。例如加拿大统计局(Statistics Canada)定义知识员工包括管理、专家和技术员工,并指出,2001 年他们构成了加拿大劳动力总数的 25%(1971 年为 14%)。[c]英国一项对 2800 万份工作的研究发现,有 32% 的工作是以知识为基础的,需要员工具有大学本科学历。[d]

也有证据表明仅就数量而言,知识员工的重要性也在持

第一章

续增长。例如,在美国,美国劳工部劳工统计局预测,未来十年内十个特定职业将会呈快速增长状态。这十项中,至少有三项,如注册护士、计算机支持专家和信息技术软件工程师,显然都是知识员工,而且他们都属于计时工资在美国经济中排位前一半的职业。这些表明复杂经济中现有的 1/4～1/3 的知识员工的数量将会随着时间呈现持续稳定或增长的状态。

a. Michael R. Rubin and Mary T. Huber, *The Knowledge Industry in the United States* (Princeton, NJ: Princeton University Press, 1986).

b. Marc Porat, *The Information Economy: Definition and Measurement*, OT Special Publication 77-12(1) (U. S. Department of Commerce, 1977), 104-134.

c. John R. Baldwin and Desmond Beckstead, "Knowledge Workers in Canada's Economy, 1971-2001," Statistics Canada Analytical Paper, catalogue number 11-624-MIE—No. 004, October 2003.

d. The U. K. data are reported in Phillip Brown and Anthony Hesketh, *The Mismanagement of Talent* (Oxford: Oxford University Press, 2004).

在组织中,知识员工与组织的增长前景密切相关。位于管理职位的知识员工提出新战略;位于研发和工程职位的知识员工开发出新产品;位于产品和服务职位的知识员工需要采取市场策略吸引顾客。没有知识员工，就不会有新的产品和服务，增长也将成为泡影。

知识员工和世界经济

彼得·德鲁克（Peter Drucker），作为第一位在实质意义上描述知识员工的人［1959年《明日的里程碑》（*Landmarks of Tomorrow*）］，早在1969年就说过：

正如上个世纪最重要的管理任务是提高体力工作的生产力一样，提高知识工作的生产力将成为本世纪最为重要的管理任务。[a]

1997年德鲁克对知识员工分支作了更加深入的研究：

知识和知识员工的生产力不是世界经济竞争中的唯一要素。然而，至少对于发达国家的大部分工业而言，它们却很可能成为决定性要素。[b]

为什么德鲁克——为什么我们——相信知识员工以及他们的生产力对于世界经济如此重要？原因很多。第一，他们是一个庞大而且持续增长的劳动力阶层。如果我们无法提高多于四分之一的劳动力的生产力，我们的整个经济都将陷入困境。第二，他们是组织雇用的最为昂贵的一类劳动力，如果他们不能表现出其应有的生产力，组织必然感觉得不偿失。

第三，他们是诸多经济增长的关键。农业和制造业日趋商业化，而且日渐发展成为低成本运营的经济门类。在复杂

经济中唯一得以生存的农业和工业工作也是高度知识化的
——例如，在生物技术或精密农业领域，给农作物投放肥料
和杀虫剂都是由内置 GPS 设备的拖拉机精确操控的。如果
农业和工业流向低劳动力成本的国家，那些仍留在所谓知识
基础的经济中的工作对于复杂经济国家的经济生存就至关
重要。美国、西欧和日本的员工还不清楚应当采取什么行动
来赢得未来的生存，但明显的是，如果这些经济要走向繁荣，
大多数员工的工作必须是显著知识密集的。

a. Peter Drucker, *The Age of Discontinuity*(New York: Harper & Row, 1969).

b. Peter Drucker, "The Future That Has Already Happened," *Harvard Business Review* (September-October 1997): 21.

然而知识员工对于国家、公司和其他组织经济制胜的重
要性并没有被充分认识。因为除德鲁克之外，没有一位专家
曾提到过改进知识员工的绩效是这个时代最重要的经济问
题(参见"知识员工和世界经济")，然而遗憾的是，对于如何
提高知识员工的绩效，我们知之甚少。因此我决定写作本
书，探讨如何提高知识员工工作的生产力和效率。

我从两个不同的角度探讨了这个问题。15 年来，我一直
在从事商业流程及其改进的研究。[4] 我已经断定当今最重要
的组织流程包括知识工作。过去，这些从未真正成为大部分
组织的关注点，因为改进管理和运作流程已经变得相对容

易，他们未来必须将注意力集中到这些问题上。另一个研究角度是知识管理。[5] 我已经与一些组织合作过并对其进行过研究，它们已经建立起知识获取和保存系统，但是有效使用知识的关键要素在于将其嵌入知识员工的工作。当然，正是这些激发了我研究如何优化知识工作绩效和结果的广泛兴趣。

过去几年中，我已经从仅有的涉及这个主题的文献中搜集了一些信息，提出或参加了六项公司或组织关于知识员工的研究。一些研究集中在如何使用技术提高知识员工的产出；其他研究集中在改进知识工作的流程或者理解物理工作场所对知识工作的影响。在这些研究过程中，我分析和调查了 100 多家公司和 600 多位知识员工，也搜集了大量的涉及这个主题的案例分析和组织实例。

这本书中，我将从多元视角来分析改进知识员工绩效的问题——组织和管理、流程、信息技术，甚至是物理工作场所。我相信这是到目前为止最广泛的、最全面的关于知识工作及其改进的信息收集，但这并不意味着未来不需要其他的书籍来探讨这个问题。用一个老套但却很恰当的话说，我在这里仅仅是抛砖引玉。

什么是知识员工？

什么是知识员工？十几年来我一直以下面的方式定义他们：

> 知识员工具有较高的专业能力、教育背景和行业经验，

同时他们工作的主要目的是知识的创造、分享和应用。

知识员工总是在思考生存。他们靠智慧生存——任何工作上的重大提升都来自智力而非体力。他们解决问题，理解和迎合顾客的需求，他们作出决策，在从事本职工作的过程中与他人合作和交流。

很容易列举知识员工的例子：医生和物理学家，科学家和科幻作家，飞行员和飞机设计师，你一眼就可以识别他们是知识员工。知识员工不一定在知识密集型产业工作——任何公司的管理人员都是知识员工，他们运用知识为企业谋取最大利益。即使工业化程度最高的工厂也有工程师、研究员、营销和策划人员。知识员工散布在刚起步的小公司和大的跨国公司中。工作之外，他们居住在城市中时髦的街区以及中产阶级和富人区；一些人搬到较远的地区而实质上是在从事自己的工作。对于正在阅读本书的你们而言，实际上每一个你们在工作和生活中遇到的人都可能是另一位知识员工。

要清晰、明确地界定谁不是知识员工十分困难。大部分工作都需要一定程度的知识才能成功地完成，而且毫无疑问，随着时间的推移，不需要知识的工作已经越来越少。即使是开出租车，也需要一些地理知识才能胜任（特别是伦敦的出租司机，在获得驾照之前必须熟悉街道情况）。即使是在电影院售票，也需要一些顾客服务知识和能力来识别什么时候有人偷偷溜进场。即使是挖土工也需要了解一些有关土壤条件的知识，并注意提起满是泥土的铁铲时不破坏周围环境。我很赞同越来越多的员工需要用知识来完成自己的工作。然而，这并不一定能使他们成为知识员工。

用知识员工的定义囊括任何使用知识来完成工作的员工并没有太大意义。例如，彼得·德鲁克将知识员工定义为"在组织中比任何其他人更了解自己工作的人"。德鲁克当然知道知识工作越来越重要，他说得没错，知识员工常常比其他人更了解自己的工作。但这个定义同时意味着出租车司机、电影售票员和挖土工也符合德鲁克关于知识员工的定义；他的定义也暗示对于一个组织的一个工作而言只有一位知识员工。可是根据我的定义，这些类型的员工并不完全符合知识员工的特征，因为创造、分享和应用知识并不是他们工作的主要目的。思考仅仅是他们生存的一小部分。

诚然，一个人是否是知识员工有时只是一个程度和解释的问题。很多人在他们的工作中使用知识，受过一定程度的教育并且具有一定程度的专业能力，但是对知识员工，知识必须是工作的核心，他们必须受教育程度较高或者是专家。单凭从事数字和信息类的工作就将其视为知识员工有失偏颇——例如，如果没有接受过大学教育就很难成为知识员工〔即使是比尔·盖茨（Bill Gates）和 迈克尔·戴尔（Michael Dell）也是上大学后才辍学的〕。

尽管知识员工的定义还有一些模糊之处，但组织的成功依赖于这些员工的创造力和生产力却是确定无疑的。随着价值的增加，知识员工也对常规的管理方法和组织原则提出了挑战：他们具有流动性，而且关注其经验能否应对未来的

挑战；他们分散在组织结构和全球体系中，然而其工作的相互依赖性和复杂性却要求他们能和不同职能部门、物理工作场所、时区，甚至是不同组织的员工进行有效地合作；他们必须掌握大量的知识并不断更新；他们从事的工作具有天然的紧迫性——需要他们解决的问题和投资的机会很新奇也不经常发生，如果这些工作也能提炼出标准的话，他们的工作也就沦为一种例行事务了。简言之，知识员工在成为大部分组织成功关键要素的同时也对其提出了独特的挑战。

作为一个阶层的知识员工

知识员工究竟提出了怎样独特的挑战？一些人可能会争辩——至少有一个人曾经说过——知识员工和知识工作应当采取与其他工作相同的方式进行管理。这个人最近还写道：

> 体力劳动者和知识员工间存在的传统界限没有太大意义……越来越少的员工从事不需要积累知识和专业技能的常规性工作。用理查德·尼克松（Richard Nixon）的话来说："现在我们都是知识员工。"

他强调，在商业流程中知识员工除了应被像其他员工一样对待外，其适用的流程改进方法也应当相同。

我不用提到此人的姓名或者采用引著，因为我希望以他作为例子来证明他的错误。他是一位管理大师，而且也是一名相当出色的知识员工。我有幸和他亲密地工作了很多年。

虽然他宣称知识员工的工作流程与其他人一样，我却有机会
了解了他的工作习惯，当然这些工作习惯不能通过一幅流程
图向他指明如何改进。就像很多知识员工一样，这位绅士具
有高度的工作独立性和自主性——即使表面看来他有一个
雇主。他抵制计划而且经常贻误截止日期。很多时候他吹
毛求疵，诡异而且任性。事实上每次我见到他，前15分钟讨
论的主题都是与手边工作无关的闲谈、政治或者书籍。

然而最后完工的时候，他的工作质量一般都非常高——
有些时候甚至很有才气。当然他的工作参与度和成果都非
常重要，以至于我不能冒险批评他的工作习惯且试图改变
他，或者试图通过建议提高他的生产力。在很多问题上（正
确对待知识员工的问题除外）我非常尊重他的智慧，和他共
事也值得忍受他这些我不欣赏的习惯。然而讽刺的是，他却
认为知识员工与体力劳动者、行政管理者和生产工人没什么
区别，因为他具体化了使知识员工独特和难于管理的每一件
事情。

如果这个例子还不太充分，第一章剩下的内容和本书的
很多地方，我都将描述知识员工与其他员工有何不同。他们
不喜欢被告知应该做什么，他们的工作流程很难被结构化和
预测，当他们在社会网络中和其他人共同工作的时候效果最
好，他们受榜样的激励要大于受明确管理的影响。

当然，一些其他类型的员工——制造厂的生产工人，或
者连锁杂货店的收银员——在一定程度上有些与此相同的
特征。事实上没有人喜欢被告诉应该做什么。然而，每天生

产工人和零售员都被精确地告知应该做什么（"把那些螺钉用 20 磅的扭矩拧紧，不能用十磅的"，"一旦你改完登记磁带就可以休息一下"），他们的管理人员和公司一般不采取这种管理方式。如果管理人员给知识员工下达类似的明确性指令（"在做财务计划以前先把铅笔削了"），他们的雇员不可能在公司中长待。即使偶尔知识员工忍受了这种方式的管理，他们也不可能对工作完全承诺和付出全部的智力。这种自主的实质不同仅仅是知识员工关键特征中的一种，但仅此一点就足以把他们视为一个独立的员工阶层，值得采用我在本书中提出的基于绩效改进和管理的分类方法。

知识工作和知识员工的一般特征

事实上，知识员工主要依靠他们的大脑而不是身体工作意味着他们存在一些共同特征。这并不稀奇，他们都遵循着一些基本原则和可观察特征，这些原则和可观察特征需要被确定。大量事实证明，相对于管理和生产工作而言，知识工作缺乏结构性，而且其可结构化程度较低。正如约翰·西利·布朗(John Seely Brown)和保罗·杜吉德(Paul Duguid)对这一特征的描述：

> 在这样的领域，情况有些不同常规；投入和产出缺乏明确的界定；信息获取也缺乏目的；然而，这些有意义的、解释性和理解性的领域却问题与价值并存——总之，知识和意义弥足珍贵。[6]

与以往的体力工作形式相比，这是知识工作一个最明显的特征。

基础原则和可观察特征如下：

知识员工喜欢自主。知识员工的一个重要特征就是他们不喜欢被告知应当做什么。思考生存促成思考自己。知识员工依靠其教育、经验和专业技能获得报酬，因此难怪他们会自然地抵制任何人对其智力领域的侵犯。当然，知识员工也不喜欢自己的工作被忽视，有一些事情他们是希望被告知的，例如他们任务和工作的重大意义和内涵。

这种自主是知识工作性质的自然结果。既然很难确定知识员工在任何给定的时间是否在思考，监督者就很难评论他们的工作。知识工作的产出很难以细节详细说明，因此一般需要由知识员工自己决定。

自主被知识员工视作他们接受的大量教育和培训的公平回报。一些研究表明科学家和工程师把工作自主看作他们在大学和研究生院努力工作的主要原因。而且可以推断教育水平的提高意味着自我管理能力的提高。

知识员工在很多领域喜欢自主。特别地，他们倾向于在工作的细节过程中自主。只要告诉他们需要做什么以及什么时候完成，如果他们愿意，他们会自己设计细节。他们知道何种条件下他们能够思考得最好，也喜欢决定自己的工作地点和日程。如果一个计算机程序员告诉他的老板他在晚上8点到早上4点这段时间效率最高，一个精明的老板会试

图促成这种安排。

知识员工已经最大限度地拥有了他们需要的自主。既然他们拥有生产工具——他们的大脑和知识——组织很难拒绝给予他们那种自主。知识员工的专业契合有些时候制约了在工作场所使用过度控制。例如，美国医药协会（American Medical Association）经常在法庭上向医院为内科医师和药剂师争取更多的自主权。知识员工一般有一个完善的劳动力市场，如果需要的话他们可以为获得更大程度的自主而转换工作。

然而，知识员工偏好自主并不意味着他们就应当获得最大限度的自主。正如我在这本书中提到的，一些改进知识员工绩效的方法可能包括剥夺知识员工的某些自主权。组织在采用任何可能显著降低知识员工自主权的新流程和技术时必须相当谨慎。

相比较其他类型的工作而言，详细列出知识密集型工作流程的细节步骤和工作流价值甚微而且十分困难。这是知识工作首要特征的必然推论。知识员工不愿被告知该做什么，他们也不希望看到自己的工作被简化成一些方框和箭头。

典型地，当我们想要改进员工的工作绩效时，往往从将任务的各个组成部分结构细分开始。这种方法的产生不晚于弗雷德里克·泰勒（Frederick Taylor）时代。这种方法的思想是当工作被细分为基本的组成部分后，就能更加便捷地跟踪和管理知识工作流程，同时省却不必要的步骤。然而，这种方法对知识员工和知识工作并不经常起作用。根据我的经验，知识员工经常拒绝描述他们完成任务的步骤。工作越复杂，知识密集程度越高，这种表现越强。也许存在太多不可控因素，以至于描述知识工作的典型流程不太可能。知识工作经常包含知识员工间的高度互动合作，这点使其很难描述和模型化。

即使你能够让一位知识员工描述他的工作流程，很可能得到的也不是一个十分有价值的描述。第一，工作流可能与另一位员工描述的假定具有相同流程的工作并不完全相似。第二，这些步骤的效率可能看起来惊人的低："首先我有一个想法。然后我思考了一会儿。继而我和我实验室的合作伙伴讨论了一下。最后我又想了想她给我提的建议。"这个流程对于用秒表记录工作流程的泰勒学者们来说简直是个诅咒，但它确实是知识员工的一般工作方式，特别是那些包含知识创造活动的工作。

这是否意味着在知识工作改进的问题上我们应当放弃流程视角？当然不是。即使分析工作流程的细节缺乏价值，仍然有很多其他流程工具可以用来实现知识工作的潜在改进。我将在第四章探讨这些问题。下面是我对这种类型工作的另一个概括。

"你能通过观察注意到很多问题"。劳伦斯·彼得·贝拉（Lawrence Peter Berra）说对了，知识员工首要特征的自然推论就是：如果你不能让他们详细地描述自己的工作，你就

应当仔细观察。系统观察（system observation）——也被称作"跟述"（shadowing）或者"民族志"（ethnography）——经常是理解知识员工如何完成工作的有效方式。

观察可以采取很多方法。最普遍的方法就是使观察者尾随或者追随一个或者更多位知识员工，也可以使观察者参与工作流程——称作"参与观察法"（participation observation）。通过亲自从事，观察者能够明显地了解到很多关于工作的知识，参与也能够提高信任水平。最后，一些观察可以通过录像的方式，然后进行工作流程分析，但是通过这种方式很难建立信任。

很多原因可以解释为什么观察适合用来了解知识工作。第一，既然思考是无法看见的，将知识员工的实际工作流程展示出来能够帮助观察者更好地了解实际上什么正在进行。观察者能够听到不经意的评论、笑话，获得知识员工第一手的抱怨信息，用它们把工作编成一段小故事。第二，花时间和知识员工相处提高了知识员工对观察者的信任度，而且可能更多地揭示他们工作的性质。

但是这种理解知识工作的方法确实有明显的缺点。支付给观察者的薪水十分昂贵，观察者需要花费大量的时间才能获得知识员工的信任并了解他们的工作。然而，没有观察，工作是很难被了解的。

当然，观察也有种族上的考虑。知识员工不应被观察除非全部观察目标和目的都完全公开。我发现如果知识员工感觉到观察是为了帮助他们，他们一般很欢迎观察者并愿意和他们探讨自己的工作，但是如果怀疑观察结果将会产生消极影响，他们会立刻变得警觉。

　　知识员工经常能为他们从事的工作找到很好的理由。在业务流程再造的时期，我们假定精明的分析家都能迅速识别工作的最佳方法。事实也往往如此。以前改进容易被识别，所以没有人过多思考过管理和运营流程的问题。

　　知识工作不是那么简单，这是需要我们近距离对其进行观察的原因之一。知识员工思考的典型问题是为什么以及如何进行工作，他们可能自发地采取很多明显的改进。也许在他们所做的每一件事背后都隐藏着一个原因（至少也是寻求逻辑上的合理）。只有经过严肃和深入地研究之后才能识别可能的改进。研究技术服务代表的人类学家朱莉安·奥尔（Julian Orr）提出，这类工作的分析家很少充分地"关心工作实践……他们并不关注在完成给定的工作中具体做了什么"。[7]

　　涉及知识工作管理，我们必须遵循知识员工的思维，或者更重要地，遵循他们的行为方式。当我们假定员工间的聊天是在浪费时间，或者应当减少在没有结果的设计上的时间花费之前，应当审慎。以合理的理由采取一定的方式完成工作远比假定可以迅速和轻巧地改进工作要安全得多。

　　承诺（Commitment matters）在工业经济中，即便员工的大脑和内心对此项工作并不认同，他也可以单凭身体就完成

工作。知识工作的情况却迥然不同。如果知识员工在思想上和感情上没有认同工作,你是无法获得他们的高绩效的。

这种现象受很多因素的影响。其中首要因素是知识员工需要表达关于他们从事的工作以及如何工作的想法。没有什么比被告知应当做什么更限制承诺的了,这就是著名的3M管理方法背后的动因。3M管理方法给予研究人员15%的工作时间以使他们能够独立从事其认为对公司重要的事情。很明显,知识员工一般愿意做一些其他人要求(甚至是命令)他们完成的工作,但是一定程度的自愿更有帮助。

另一个影响承诺的因素是"公平过程"(Fair Process)感知。正如战略学者W. 钱·金(W. Chan Kim)和勒妮·莫博涅(Renée Mauborgne)曾经指出的,员工——特别是知识员工——不仅关心结果的公平,而且关心过程的公平:

> 过程公平是实现公司由以生产为基础向以知识为基础的经济转型的有力管理工具,以知识为基础的经济价值创造依赖于持续增多的观念和创新。过程公平深刻地影响着实现高绩效的关键因素——态度和行为。它建立信任、启迪思想。[8]

如果能够保持高水平的承诺,思考生存的管理人员需要承认这一事实:员工有时能比他们的老板更了解情况。一般管理人员和高层管理者可能对经营的战略和蓝图有更深刻的理解,但是知识员工更了解其知识领域的细节。一个看似什么都懂的管理人员是实现专家承诺和忠诚的致命伤害。

知识员工很看重自己的知识，不愿轻易分享。知识是知识员工的全部——是他们交易的工具、生产的方式。因此，以威胁自己工作的方式让他们出让和共享知识自然就异常困难。

在公司开始探讨组织内和组织间知识共享的知识管理早期，我就曾经说过："知识共享是一个非自然行为。"我也提到："当然，非自然行为每天都在发生。"公司只需提供恰当的刺激和保证来促使员工愿意分享知识。

过去的几年中，知识员工对知识分享的关注已经被证明为再正当不过的事情了，除了归因于对失业的正常担心，还因为一些无能的公司甚至要求员工在失业前培训其海外继任者。几乎每一位知识员工都想知道他或她的工作是不是下一个将要被转移到印度或者中国的。这足以阻止任何一个员工向其他员工或者组织知识库贡献知识。再次，这并不意味着我们不能遵循知识在组织中流动的方式设计组织和流程。我们承认知识员工把他们的知识看作高价值的资产，没有持续雇用的保证和奖励，他们将拒绝共享知识。

在组织中有涉及这个问题的其他先例。多年来组织一直在试图将销售人员掌握的顾客信息转化为组织而非个人的资产。销售人员很努力地工作以保留他们所知道的顾客信息，拒绝将其添加到组织应用的"顾客关系管理"系统。很多组织都应用了一些政策和流程使销售人员相信，在他们为组织工作的期间，他们将拥有顾客信息和知识。聪明的组织

会把相似的方法应用到知识员工的知识资产上。

上述特征的启示

这些特征启示我们对知识员工不能采取传统意义上的"管理"方式。正如沃伦·本尼斯(Warren Bennis)曾经指出的,他们与猫有罕见的相似之处,即我们所熟知的难以被驯服。[9]知识员工的一些特征听起来像 T. S. 埃利奥特(T. S. Eliot)对兰·堂·塔格(Rum Tum Tugger)①这只叛逆的猫的描述:

> 因为他要做,
>
> 像他想做的那样做,
>
> 对此无需任何指令……
>
> 你刚让他进来,他又马上溜走,
>
> 他经常待在门的一边,在你口令的相反处……
>
> 因为他只喜欢自己找到的东西……
>
> 兰·堂·塔格是机灵和先知的……[10]

本尼斯指出,这种类型的人只能被有远见的、有鼓舞力的领导通过在组织中建立信任和相互尊重来引导,而不能被管理。这一点毋庸置疑,我将在第九章探讨这种领导力的一些方面(当然无法像本尼斯描述得那么专业和优美)。

---

① 这是国际著名的音乐剧《猫》中的一只挑剔任性的摇滚猫的名字。——译者注

有远见的领导人经常短缺,但我相信我们能以其他的方式干预且改进知识工作。像其他类型的工作一样,知识工作的改进也有很多潜在的途径。除了更有效地领导和管理,本书中我至少描述了五种帮助思考生存的员工获得改进的方法。

本书将谈到什么？

至此,我已经描述了什么是知识员工,为什么他们如此重要,以及他们的一些共同特征。下一章我将描述他们的不同点。相似点和不同点形成了一系列重要的基准因素来识别何时适合改进知识工作。改进这一主题形成了其他章节的基础。在第三章,我将概括性地描述改进和干预的主题,首先举个干预的例子,如何测量组织在干预过程中产生的改进和一般性错误。接下来的每一个章节,我都要描述一个特定的方法来干预和改进知识工作。第四章讨论了流程和测量的角色。第五章描述了组织提供的作为知识工作改进方式的方法。第六章关注个体层面的技术、信息和知识管理。第七章描述了高绩效知识员工的社会网络。第八章描述了知识工作的物理工作场所。第九章聚焦如何成为知识工作和知识员工的有效管理者。

每章结尾,我将指出这些主题对那些希望从知识员工身上获取更高绩效和更好结果的管理人员的启示。这些部分构成了本章建议的一个快速回顾,但是它们没有提供背景、举例和深层次的分析。

提升知识员工绩效的建议

➤ 所有的工作都包含一定程度的知识,但是知识员工是指那些工作是显著知识导向的员工。本书的建议适用于那些工作的主要目的是创造、分享和应用知识的具有专家特征的员工。

➤ 知识员工在自主性、动机和态度方面不同于其他类型的员工。

➤ 知识员工享受他们的自治,因此在改进过程中,要谨慎使用那些可能侵害他们自治的方法,虽然有时这是必须的。

➤ 知识工作倾向于非结构性。详细列出工作的细节流程有时是可行的,但是这可能不是改进知识工作流程的最佳方法。

➤ 在真正理解知识工作之前经常需要相当详尽地对其细节进行观察。

➤ 知识员工一般都十分聪明,因此假定一项特定任务不必要或者一个工作流程能够被很容易地改进时要格外谨慎。

➤ 知识工作的承诺问题。不要做任何破坏知识员工对工作和组织的承诺的事情。

第二章　知识员工有什么差异?

正如我在第一章描述的,即使存在很多共同点,所有知识员工也互不相像。例如,计算机程序员和内科医师都是知识员工,但他们的教育背景、工作条件、业务流程和测量效率效果的方法却截然不同。因此,知识员工的分类方法能够帮助组织决定如何最优地管理、测量和改进他们的工作。这个分类满足以下两个条件才能为组织所用,否则没有任何意义。第一,分类容易应用,不需耗费大量工作或思维转变就能把任何给定类型的员工归入其中一个分类;第二,在采取一些干预措施时,这个分类能有助于改进知识员工的绩效。

组织中不同类别知识员工的区别

组织无法一次改进所有知识员工的角色,这是知识员工分类的一个重要原因。他们需要确定在任何给定时间需要从事何种知识导向的工作。当必须确定轻重缓急的时候,不同种类知识员工间的差别就是进行选择的基础。多年来,我一直试图设计出知识员工分类的"完美矩阵",可得出的结论

却是它根本不存在。知识工作间有太多重要的区别,以至于不能简单地以两维矩阵描述这些差异。尽管如此,我确实认为一些维度比其他的更重要,而且我下面将描述的矩阵十分易于操作,因为它根据不同知识工作类型设定了不同干预方法。

区分判断与合作

图2—1的矩阵是一个分类方法的样例;它以工作复杂水平(流程中需要的解释和判断)和合作程度为分类维度。[1]这些维度非常重要,因为通常而言,合作水平影响特定工作中可行的结构化和计算介入的程度,工作的复杂水平决定成功完成工作所需的知识量。

一个事务型员工的例子就是在呼叫中心工作的办事员。一个综合过程的例子可能是一个信息系统的开发运行。一个投资银行可能是合作模型的例子,一个从事基础护理工作的内科医师可能属于专家模型。在确定对组成矩阵的不同单元应采取何种类型的干预措施时,这种分类十分具有价值。

例如,为办事员设计脚本让他们读给顾客听,或者用在准备和收集一项产品和服务时十分合理。然而,需要更多判断与合作的工作,绝不会由这种方法获益。例如,我们几乎无法准备一份万能手稿,预测在一项诸如兼并和收购的重大公司交易中发生的全部偶然事件和活动。

图 2—1 知识密集型过程的分类结构

	整合模型	合作模型
合作群体	• 系统的、重复性的工作 • 信任正式过程、方法或标准 • 依赖跨职能界限的整合	• 即兴工作 • 高度依赖跨职能的精深专业技能 • 依赖柔性团队的流动雇用
相互依赖的程度	事务模型 • 常规工作 • 依赖正式的规则，过程和培训 • 依赖低判断力的劳动力和信息	专家模型 • 判断导向型工作 • 高度依赖个人专业技能和经验 • 依赖明星绩效
个体参与者	常规 ⟶	解释/判断

工作的复杂性

综合型工作是半结构化的，可以重复利用知识资产（事实上，"脚本"是最结构化的重复利用形式），获取可重复利用的知识通常是这类工作的核心。例如，从事软件开发的公司努力使他们的程序员把编码储存在图书馆里以备其他项目使用。汽车公司力求使低层设计人员和工程师重复利用一定的组件设计，而不是重新创造。对于专业性和合作性更强的工作，重复利用方法可能就不那么有效。

专家型工作大部分由个人完成，有时可能借助计算机干预工作流程和录入组织知识。我将在第四章介绍一个健康护理工业的案例，其成功地实施了这种干预。专家往往高度评价自己掌握的知识，要强迫其使用他人的知识难如登天。

　　合作型工作可能是最难以结构化方式改进的,因为这种类型的工作对于那些从事它的员工而言充满互动性和创造性。例如,如果你要求一个投资银行家描述他的工作流程(我已经这样试了好多次),你可能被千篇一律地告知根本不存在任何流程——工作日日如新。从事这种类型工作的经常是受教育程度高的专家(经常也是收入水平很高的员工),因此很难让他们遵循其他人规定的新方式工作。典型地,组织对这种类型的工作采取的干预方式都必须考虑控制外部因素,如可能包括把员工组成团队并协同定位,或者使他们能获得更多的知识,例如,通过知识管理智囊库。

　　当阐述改进知识工作的特定方法时,我会多次提到这个矩阵。然而,毫无疑问,单凭一两个维度无法囊括知识密集型流程的全部复杂性。以下是一些对他们进行分类时可以参考的其他维度。

以知识活动区分

　　知识员工能够发现知识,创造知识,贮存知识,分配知识,应用知识。员工与知识相关的特定角色经常给予我们很多启示——如何改变或改进知识活动。管理知识创造和应用的工作需要采取十分不同的方法。

　　那些现有知识的发现者需要了解知识的适用条件,在众多资源中搜寻,并把它们传递给需要者和使用者。图书管理员和竞争情报分析师就是这些发现者的例子。现在很多组织都希望所有的知识员工能够自己发现知识,但是要实现这个目的必须经过大量培训——通常并没有组织这么做。知识发现者和使用者之间的关系是知识发现过程成功的关键因素。

其他员工创造新知识。例如医药公司研究人员、广告公司创意总监，或者书和电影剧本作者。既然大部分知识创造都发生在知识员工的大脑中，显然知识创造是最难以结构化和改进的知识活动。对这些员工放任自流也不是问题的解决之道；知识经济时代，他们的生产力和绩效是组织制胜的关键。通过使知识创造者更便捷地获取先前创造的可再利用的知识，或者分析先前产生相似知识时的条件，组织可以提高他们工作的生产力和效力。

知识贮存者把其他人创造的知识整理在一起。出版即为知识整理的典型例子。整理旨在提高其他知识员工的工作效率，例如我们阅读记者和编辑整理过的报纸，就无需浏览全部新闻了。即使他们通常并不创造新知识，编辑、设计和校对过程也绝对算得上是知识工作。整理往往不如预期的那样有效，因为知识整理者必须总等着知识创作，而且不能指望创作者如期完成。（这对我的出版商就不是什么新鲜事，这本书就没按时完成！）

那些专职从事知识管理的员工经常是知识的分配者。他们创造系统和过程以提高其他员工获得知识的机会，把知识传递给那些需要的员工。组织中这类分配者的数量太低，以至于我们很少会考虑重新设计他们的工作，但这些分配者可能是涉及其他类型知识员工的干预措施的关键推行者。

知识生产线的末端是那些应用知识的员工。这些知识员工在他们工作的过程中利用和再利用知识,但通常并不创造大量新知(虽然每一名优秀的员工都可能产生一些新知识)。例如会计师和审计师,以及大多数级别较低的专业人员和医护人员,他们在组织中数量庞大,因此经常成为变革项目的目标群体。

以观念类型区分

知识员工也可以通过他们所处理的知识类型来区分。虽然创意的范围和规模存在一定连续性,我们仍可将它们分为大创意和小创意。大创意是指那些显著改变组织和员工的想法——与新产品、服务、商业模型和战略方向相关的想法。"我们需要开发一个比其他系统更易于操作的点击电脑系统",这就是一个典型的大创意;它通常是某人的奇思妙想,这也许正是 20 世纪 80 年代苹果电脑公司史蒂夫·乔布斯(Steve Jobs)的想法。鉴于以上定义,组织很少能够获得这样大的创意,因为它们的实施需要耗费大量的时间和努力。

接下来是小创意。这些是关于组织生产什么以及如何运作的微小改进。"把玻璃架子放在冷柜里,这样顾客便可透过它们直接看到里面",这就是每天都可能产生的小创意,并体现在产品或者过程中。在过程观念的世界里,这些小创意类似于质量管理和持续过程改进;大创意类似于过程革新——从头开始、解放思想。

组织渴求的应当是哪种类型的知识和知识工作？普遍认为只有很小比例的员工能够成为大创意的创造者。传统上员工被视作知识的使用者而非创造者，即使他们确实创造了知识，一般也只能算是一些小创意。组织只会向研究人员和高级管理者寻求大创意。

　　然而，我认为将来最成功的是那些每个员工的使命就是创造和使用大创意和小创意的组织。当然一线工人应当对他们自己的工作活动进行持续的改进和精益求精，但他们为什么就不能不断地提出新的产品、过程、商业模型和战略呢？他们可能并不想每次一有什么大创意就去找 CEO 谈，但是确实存在区分优先等级和筛选大小创意的过程。当然最具创造性和赢利性的企业将是那些分处于所有层级的每一个员工都在思考的组织。

　　很少有组织能使其每一个员工的工作是——至少几乎是每一个人的工作——思考。一些知识密集型的企业，像咨询或者医药开发，这样的组织中专家和研究人员都被给予创造知识的期望。工业企业中这样的风气可不那么普遍，这就是查帕拉尔钢铁公司（Chaparral Steel）非比寻常的真正原因。[2] 在这个总部位于得克萨斯（Texas）的公司里，思考显然是每个人的工作。即使是一线工人也被期望能够进行生产实验，识别新产品，提出新程序设计，虽然想要成为知识员工的钢铁工人并不常见。因为推行此项政策，查帕拉尔相较其他钢铁公司具有更高的生产力。依我的观点，查帕拉尔成功的法宝在于其卓越的管理风格（相比大多数钢铁公司而言），

所有的员工都被视作知识员工——文化是没有等级的，相信员工不需要通过训导即可产生高水平的生产力。

以成本和规模区分

从事知识工作成本的存在使衡量投入了多少来管理和改进知识工作变得紧要。成本由特定职位员工的薪酬以及组织中这些员工的数量共同决定。最昂贵的知识员工是那些教育水平和资历最高的，因此很多情况下他们最难被改变。

从事特定知识工作的员工数量越大，管理、改进和改变他们的难度相应越大。规模越大意味着越多的员工需要被再培训和改变其行为。然而，有大量员工参与的过程可能更值得进行改进投资。例如英国电信认为呼叫中心的顾客服务代表是其最重要的知识工作之一。它将从事这份工作的员工称为"顾问"，公司里有15000名这样的顾问。虽然这项工作是影响顾客满意度的一个重要因素，但从事这项工作的少得可怜的员工事实严重抑制了投资。我将在第四章描述英国电信对这些顾问采取的工作干预。

以过程特征区分

知识员工也因他们从事的工作过程的性质而不同。[3]这里我不想讨论过程干预的细节，因为那是第三章的主题，但过程特征确实决定了过程组成部分进行的次序。例如，知识密集型过程的工作应当是并行的，所有员工施行整个过程而且所有步骤同时发生（例如呼叫中心）。这使得过程相对容易监督。一些知识工作的过程是有顺序的，员工在这个过程中可能仅仅施行一两个步骤（例如商业信用卡的批准）。一个顺序过程的普遍改进方法就是使每一位员工（通常称为"事件经理"）掌管一条生产线，这类员工需要复杂信息系统的支持。生命保险签单过程中已经广泛采用了这种方法。[4]

知识工作也因特定任务的重现度不同而有所不同。这种工作也可能是一个重现度低的项目（例如产品的工业设计），也可能重现度相当高（例如信用卡欺诈测试）。当然，重现度使工作结构的确定和再设计更加容易。很多情况下，如果具有高重现度，大部分过程的自动化可能更容易实现。

另一个区分知识工作和知识员工的过程特征是过程成功实施所需要的投入度。一些知识工作可能需要大量的日数据输入（例如医疗理赔业务），而其他知识工作（例如市场研究、文件编辑）并不需要如此多的数据输入。

最后，一些知识工作过程相较其他工作过程而言更容易测量。一些过程很容易开发出方法体系（例如医疗编码）。其他知识工作过程则只能以定性方法衡量（例如专利搜寻和归档、市场研究）。测量能力的差异使管理、改进和外包（例如服务协议开发）迫在眉睫。

以对业务的重要程度区分

涉及生产和运营工作，一些知识员工确实比其他员工对业务更加关键。举例来说，哪类工作对获得新的业务收益更

加重要？一项特定工作与组织战略的适应性有多强？业务的日常运行在多大程度上依赖于过程的良好运转？

　　同样的知识工作在一些组织中可能比在其他组织中更加重要。例如，一位银行程序员与组织成功的相关度远远低于软件公司从事相似工作的员工。一位财务分析师在制造型企业中可能属于边缘人物，但在信托基金公司的地位却十分关键。

　　工作的重要性与它的地位或者员工的薪酬水平并不是一回事。例如，一个电话维修员并没有很高的薪水和地位，但是对公司的客户服务声誉却至关重要。

以流动性区分

　　一些知识员工只待在一个地方，而其他员工却频繁流动，这早已司空见惯，可这背后又隐含着什么意义？很多公司已经发现员工是否流动是工作设计的关键因素。流动性能够影响知识员工需要的办公室类型，他或她愿意使用的技术类型，观察员工绩效的相关能力，以及与员工沟通的难易程度。有时流动性是设计特定知识工作过程的关键因素。例如，过程是应当在一个地方完成（例如在银行总部办理抵押批准），还是应当具有流动地点（例如在客户所在地办理抵押批准）？

　　过去十年或者更早一些，随着移动信息技术的进步，这个趋势已经使知识工作具有更大的流动性成为可能，或者说正是它将更大的流动性纳入了知识工作结构。最近，我听说一家咨询公司允诺，如果员工保证一周之内到办公室的次数不多于三次，公司将付给他们几百美元作为额外补偿。这种变动的产生有两个主要原因：成本的削减和更大的员工灵活性。我已经见证了这两个方面的共同作用。

然而，正如我在第七章探讨的，知识员工的流动是有成本的。我的朋友与合著者唐·科恩（Don Cohen）、拉里·普鲁萨克（Larry Prusak）在他们的书《优势合作》中指出：流动工作根本无法构建社会资本或社会网络。[5] 如果你在意知识员工知识分享的程度，谨防他们的流动率急剧增加。

知识员工不同点的分类

在组织中试图一次干预所有类型的知识工作，并在实施改进的同时给予它们平等的对待是不可能的，因此采取分类策略是个不错的主意。这种策略描述了组织中知识员工的不同类型以及他们有何区别，表明了何种类型的知识工作对组织策略的实现至关重要，同时通过优先等级排序对他们进行分析和干预。

分类可能基于上述任何一种标准。在完成了有意义的分类之后，对每种类别的知识员工应用不同的信息技术，过程改进和其他生产辅助方法就显得具有特别的意义。

问题在于应该采取何种类型的分类模式。例如，英特尔（Intel）的"电子工作小组"已经创造了一个技术导向、主要基于移动性、行为和态度的三维模式。分类如下：

➤ 功能主义者（Functionalists）：主要指偶尔使用信息技术的制造业（虽然这里也有一些办公室文员）员工，但工作职能并不大量依赖"办公室信息技术"来完成。

➤ 格子间队长（Cube captains）：将工作的大部分时间花费在办公室里，是办公室信息技术需求的主流，总体上很乐于使用工具。

➤ 游牧者（Nomads）：远程系统的大量使用者；无论是在遥远的办公室间穿梭还是在其间办公，他们都需要信息技术环境的移动性。

➤ 全球协作者（Global collaborators）：与全世界员工接触；他们与游牧者具有一些相似的特征，但是他们跨时区工作同时从事很多合作性工作，因此在任何时间任何地点都需要使用合作工具。

➤ 技术先行者（Tech individualists）：他们渴望而且需要最新的信息技术工具，时刻准备着尝试新的技术；也经常是最早的采用者。

这些分类可能并不适用于所有组织，但我确信英特尔创设的这些分类推动了巨大进步。英特尔也一直试图能把这些分类与业务流程的背景和业务单元的需求相结合。

这仍然是分类的初期，但我自认为知识员工分类的最佳基础标准是依据他们在组织中所处的工作角色。我想无论你是一位行业销售分析师或者是一位中层市场经理都能驾驭你所从事的工作，同时使其更具生产力和更有效地完成工作。当然，分类很难，可能还很昂贵。大部分组织甚至不知道他们有多少不同种类的工作角色。我认为，唯一一个值得单列的、以职位为基础的分类就是那些员工数量庞大的工作，或者是那些以优化生产力和绩效为任务关键的工作。

　　全球工程与环境咨询公司(MWH Global)正在积极地进行以任务为基础的知识工作分类。虽然它有超过6000名专家，但高级管理者断定使他们具有更大生产力和更强知识性的最佳方式是聚焦特定角色。干预伊始需要识别的五个关键角色包括：

> 业务单元领导
> 业务开发人员
> 项目经理
> 客户服务经理
> 技术专家

　　为了更了解这些职位，全球工程与环境咨询公司正在引导每一个角色的目标群体跨越它的地理区域，从事心理测量试验，分析角色内部的绩效差异，调查那些承担相应角色的员工，归因绩效的关键行为特征。这些结果将被用来开发针对每一特定角色的招聘文档和绩效管理过程。它也计划开

发一项针对每一角色的分类"知识入口",与这个角色相关的仅仅是知识。因为组织设置了一个名为"首席人才和知识官"(Chief People and Knowledge Officer)的高级管理者职位来监督人力资源和信息技术战略、学习和发展,以及知识管理,这个综合干预措施变得更加可行。

本章小结

我在第一章已经从总体上描述了知识工作的性质,在这一章介绍了一些知识员工类型的关键特征。这两章是本书其他章节的辅助背景。但是这些知识的运用——知识工作的改进——是本书的核心,也许你早已按捺不住翻阅那一章的冲动了。第三章我将通过讨论一般的干预方法引申至这个问题,后面的章节我将提出某些独特的干预措施。

提升知识员工绩效的建议

➤ 识别知识员工的不同十分重要。基于工作所要求的合作和专业程度而形成的四维矩阵,在为知识工作定制干预方法时十分有效。

➤ 工作中包含的知识活动类型(发现、创造、贮存、分配和应用)也能用来设定改进知识工作的不同方法。

➤ 将知识工作的干预方法应用到那些最昂贵的员工从事的工作中以及那些在组织中数量庞大的员工中是有意义的。

> ➤ 因为所有的知识工作都不能被一次性改进，改进的关键因素是开发一个分类图表，规定何类工作应以何种顺序出现的优先等级。

思考

第三章　知识工作中的干预、测量和实验

显然,除非我们能够或多或少地干预知识员工的工作,否则我们无法从他们身上获得更好的绩效和结果。但是过去我们一直避免这样做。正如彼得·德鲁克指出的,普遍来讲我们并没有给予知识员工的生产力或绩效充分的关注。他最近评论道:"没有人真正从科学的角度探讨过白领工作的生产力。每当我们要认真讨论这个问题的时候,它都被荒谬地视为不具有生产力。"[1] 只有他们个人的头脑是问题的关键解决之道,其他任何方法都不能指望用来改进工作。我经常强调对待知识员工的典型方法就是 HSPALTA,即"雇用聪明人,让其享受充分的工作自由"(hire smart people and leave them alone)。

是否要干预？

　　几十年来,甚至是几个世纪以来,一些情况下知识员工都被给予在其工作专业领域独立工作的自由。例如教授在

经过 5～7 年的学术成就（其次是教学）评定之后就被认定为成功，他们可以获得终身教职而不再受到严格的审核。而医药企业的科研人员，可能工作很多年都无法创造出一种可以投放市场的新药。我们知道一些程序员的生产力是其他员工的十倍，但是，除了努力确保那些高生产力的员工留在企业里，我们并没有尽任何努力分析生产力最高的员工和最低的员工之间的差异，也没有传播这些能够导致高绩效的特征。

最近我访问了一家完美地诠释了这种放任政策的半导体公司。这家公司在很多市场都很成功，同时拥有 20 多条不同的生产线。每一条生产线都有其专属的敬业研究人员和工程师为该产品线设计和开发新产品。然而一些产品线却比其他产品线更加成功且赢利更多，产品更受顾客欢迎，更可能引进代表技术发展水平的知识和专业技术。我向一组该公司的高级管理人员询问，为什么有的产品团队做得更好，令人惊讶的是他们竟然无法达成共识。一个说因为生产力最高的团队在一个独立的实体设备区内有自己的办公室；另一个说这仅仅是因为他们雇用了更加优秀的员工。有人认为原因在于一些组比其他组更加频繁和有效地再利用了他们的电路设计；还有人甚至强烈地辩解说所有组的生产力本来水平相当，只是因为 CEO 分配给一些团队更多的资金和资源。

这些经理达成共识，生产力最高的产品线团队的高绩效对组织的成功起绝对关键作用。然而他们也有些羞于承认，他们并不知道导致团队绩效差异的真正原因。尽管存在差异，他们也无法明确鉴别哪些团队具有较高绩效，也不曾认真研究过每个团队是如何工作的。但是如果他们能够鉴别促使一些组的绩效高于其他组的原因，他们就能够顺理成章地把这些因素应用到低绩效的团队中从而提高整个公司的绩效。到目前为止，这个实质改进组织绩效的潜在方法是揭示知识员工绩效"黑匣子"的最佳工具。

高级管理者承认，电子工程师除了日常工作，还需要承担一些"社会工程"以更好地理解不同产品线的团队内部及其彼此间正在如何开展工作。公司应该做什么？存在很多可供选择的方法。第一步，一段时期内仅简单观察这些团队，在理论上比较观察获得的成功和不成功团队的经验。第二步，依据组织的不同特征进行分类，包括领导和管理风格、地点因素、应用技术、社会网络等等。第三步，最好在完成一些基础分析之后采用，在低绩效的团队中应用相关干预方法以检验它们是否能够提高绩效。

对知识工作的干预同时存在微观和宏观两个层次。在单个组织和管理者的微观层次，情况显而易见：你需要更好的结果，而知识员工恰恰是开启这些好结果的金钥匙。你需要提高他们的绩效，否则你的生意将面临危机。坐以待毙不会带来任何改变。其他员工的潜力早已被榨干，现在轮到知识员工了。

在宏观层次，过去可能已经有充足的理由让我们给予知识员工依据个人意志工作的自由，但这绝非长久之计。知识

员工没有被过多干预,部分是因为他们的工作难以测量。一旦测量标准缺失,快速、标准化工作的压力就荡然无存了。然而,正如我在本章的后半部分将要谈到的,即使通用的测量方法可能并不存在,针对某类特定知识员工设计相应的测量方法也是可行的。

因为从事的工作大部分是无形的,知识员工已经被给予了高度的自由。如果你是我的老板并且你正在试图测定我的生产力,仅仅盯着我看是很难达到目的的。我工作的大部分是思考,你根本无法获得任何时刻我是否在认真思考的暗示。如果我告诉你我洗澡时思考最有效,你很可能相信我——也许会鼓励我花更多时间洗澡。然而,存在被广泛接受的惯例,包括长期观察甚至是参与知识工作——民族志或者"企业人类学"(Corporate Anthropology)的形式——它们确实使分析家开始理解无形的知识工作成为可能。

最后,知识员工因其在组织内部的权力和重要性而需要被区别对待。他们并不特别喜欢被告知应该做什么,管理者因为不想和这些重要的员工发生冲突而对其采取不干预的态度。一些情况下,专业协会已经成功地限制了对特定类型知识工作的测量或干预措施。例如教师和医生的职场行为就受到其专业协会的保护。

但是我们不能继续忽视知识工作的生产力和效力,或者理所当然地认为知识工作本身就是具有生产力和效力的,因为它已经成为决定经济成败的关键。当我们还处于农业经济时代时,新机器和新技术已经使经济更具生产力和更加成功。当我们进入制造业导向的经济时代,评价和改进制造业生产过程的生产力和质量就变得十分关键。现在我们的经济已经在很大程度上要依赖知识工作,我们需要确保我们正在以可行的最优方式从事知识工作,否则经济进步将难以维持。

我们已经感受到了无法使知识工作更加具有生产力所带来的压力。当农业和工业组织改进生产力的时候,他们的产品变得更加廉价和更容易购买。因为效率的提高,大部分物质商品的价格已经下降——或者至少是生产时间的减少。但是一些知识密集型工业的生产力并没有重大提高。健康护理组织并没有削减其处理单个病人所必需的劳动力。教育协会,仅有很少的例外(包括菲尼克斯大学和其他很少一些在线协会),并没有减少培养一个学生所需要的人力投入。制药企业并没有找到任何更廉价的、开发新药的方法。结果,大多数人发现这些工业产品和服务太昂贵了,而且他们成本的增长率实质上超过了通货膨胀率。如果要使人们能够负担得起以知识为基础的产品和服务,我们需要找到优化知识员工生产力的方法。

与农业和工业工作类似,我们能够找到另外一个促进知识工作生产力和绩效改进的例子,那就是该工作的转移。农业和工业工作最终都会转移到那些能够以最低的成本和最高的生产力进行生产的国家和地区。农业工作的转移一定程度上受到食物易腐性的阻隔,但它确实已经成为了一项全球工业。例如,巴西(Brazil)的桔子汁产量比佛罗里达(Flori-

da)高 40％,同时它的橘子汁行销全球。巴西农场工人的劳动生产率确实高于那些佛罗里达的工人——廉价劳动力是核心竞争力。

当然,在制造业领域,亘古不变的定律就是工作将在全世界范围内流向最廉价的生产地点。我生活的波士顿(Boston)地区,纺织工业一度盛行于如罗维尔(Lowell)、劳伦斯(Lawrence)、马里兰(Maryland)和福尔河(Fall River)的小工业城区。后来它转移到美国东南部,再后来转移到亚洲,现在仍在那里。

由于知识工作具有无形性而且基于信任而存在,过去它的流动性并不高。把计算机程序或者产品设计的半成品在全世界范围内转移到知识员工薪酬水平远低于美国、欧洲和日本的地区是没有意义的。而今天,知识工作的流动性已经更强。互联网和全球无线通讯系统提高了我们与那些无法谋面的人交流的频率。而且越来越严格的知识工作(特别是计算机程序)标准已经降低了你与某个并不了解的人签订合同所必需的信任水平。因此,始于呼叫中心和结构化程度较高的知识工作的海外转移(offshore)运动,现在已经扩展到咨询和系统整合,产品设计和工程,甚至是医疗过程(包括 X 光与 CAT 扫描的诊断和解释)等领域。

既然很多知识工作都有向世界各地扩散的趋势,有什么方法可以将其牢牢锁定在发源地呢? 也许使一项工作的生产力高于其他任何全球竞争者,这是社会要保持和增值其知识工作的唯一确定方式。可能其他经济体的竞争战略是极低的知识员工劳动力成本,但如果美国、欧洲或日本能提高其知识工作投入产出质量比,它们就不会输给印度和中国。因此,如何提高知识工作的生产力确实已经成为我们这个时代最重要的经济问题。

鉴于上述紧迫的现实,我们对知识工作采取放任态度的时代必然迅速终结。当然,体力工作者的工作一度也无人监督。他们的社会时代明确假设他们知道自己正在做什么而且正在竭尽全力地工作,正如我们今天对知识员工采取的态度一样。但是很快就迎来了19世纪80年代的弗雷德里克·泰勒(Frederick Taylor)时代,几十年之后,又相继出现了大批"科学管理"的热衷者。泰勒和他的追随者们,忽略了一些负面的评价,确实在工业工作领域作出了一些有益的贡献,而且在改进体力工作者以及他们与管理的关系方面倾注了极大热情。他们确实计算出了测量劳动生产率的方法,即使还有些粗糙。他们将体力劳动分解为相关核心步骤,初步编制出一些改进它们的简便规则。虽然还无法冠以其"科学"的标签,他们创制的体力劳动管理方法确实可以称为提高生产力的首次成功尝试,而且一百多年以来,我们确实或多或少地依赖于他们的方法。彼得·德鲁克甚至认为正是泰勒的贡献阻止了马克思(Marx)和其他人所预言的阶级斗争。泰勒分析道:"点燃了使工人赢得中产阶级收入和地位的革命,尽管他们的技能和教育程度并不高。"[2]

然而令人叹息的是,在知识工作研究领域并没有出现可与弗雷德里克·泰勒匹敌的人物。因此我们缺乏促成改进

的可行的标准、方法和规则。一些人可能要长舒一口气了，因为泰勒对体力工作者强制推行的结构化和纪律经常遭到体力工作者的反对。我并不认为泰勒方法会对知识员工奏效——事实上，它们的应用很可能带来的是场灾难。如果你反对泰勒，那完全没必要看这本书，或者任何其他试图改进知识员工绩效的努力都可被视作"新泰勒制"（new Taylorism）。[3]

既然没有什么方法可以明显取代泰勒方法，我们就应当试图在知识工作中应用泰勒方法。在更结构化的、低水平的知识工作中我们已经感受到了这些有益的尝试。这里甚至无须应用著名的泰勒式记事簿和秒表，因为这些员工可以通过其工作中应用的计算机和软件进行管理。这可能已经导致了工作量的些许改进——例如每小时更高的电话处理量——但你并不需要考察大量呼叫中心以检验其客户服务质量到底发生了什么变化。

我们需要的方法，一方面能够改进知识工作绩效，不能太简单也不能太机械；另一方面可以评价特定产出的质量和数量。我们不仅需要提高信息在知识工作组件中的传输速度，也需要考虑知识员工绩效提高所必须的信息反馈和创造性思维。需要改进的不仅仅是知识员工今天正在使用的工作过程，更要设计出一个全新的过程，以便充分利用十年前甚至根本不存在的技术。

知识工作干预的目标？

　　大众已经越来越多地提及或探讨"知识员工的生产力"，但我并不认为这是最理想的目标。生产力是经济领域惯用的测量标准，而且我们每个月都可以从政府那里获得关于生产力升降的月报告。忽略测量知识工作和服务的困难，经济学家已经设计出在总经济水平上量化生产力的方法（有时还有些令人质疑）。产出与必要投入比是测量生产力的典型方法。在总量水平上，经济学家以工作所创造的美元价值来衡量产出，以劳动力和资本的形式来衡量投入。在国家水平上，这个方法可以用来粗略地衡量总体经济绩效。

　　然而，这个方法对知识工作的实际改进并不十分奏效。第一，生产力只能间接地反映工作质量，因为它先入为主地假定人们愿意为高质量的工作支付高报酬。质量是知识工作中的一个关键因素，但仅仅通过人们愿意支付的报酬数量来衡量质量是远远不够的。第二，涉及知识工作，一般很难明确地界定"产出"。正如英国社会评论家查尔斯·利德比特（Charles Leadbeater）曾经描述的那样：

　　　　在最先进的经济中，大部分人生产的东西都无法测量，如信息、软件、广告和金融服务等。他们经商、著书立说、设计、编辑和创造，但几乎没有任何实物产出。他们工作时使用的资产与他们工作的产出一样瞬息即逝。[4]

　　因此知识员工的产出很难界定和测量。如果一位战略

设计者提出了一个出色的战略计划——但是因为某些原因其所在组织从未执行——那能算一个成功的产出吗？如果一位经理决定与另一家公司合并，那个决策又能算产出吗？

第三，生产力分析中的投入无法囊括所有可能影响产出质量和数量的因素。那些使知识员工感到满意和高兴的管理方法可能并不比那些使他们不满的方法成本更高，然而可以肯定的是不同的方法确实能够影响这些员工的产出。甚至连信息技术都无法通过生产力分析来真正地评价，可以说生产力分析方法不太实用。

我们并没有否定生产力的测量标准，但我们确实需要从知识员工身上获得更多。我更喜欢用诸如"绩效"和"结果"这类词语。它们可以包含生产力、质量、效率和效果等含义。它们并不局限于一个狭隘的经济学家的定义。无论知识员工正在试图完成的是怎样的商业过程或活动，我们都能通过速度、成本、缺陷避免和顾客满意度等标准来界定绩效和结果的水平。绩效和结果足以作为个体知识员工，组织中知识员工团体，或者整个组织的测量标准。因此，虽然我在本书中多次提到生产力的概念，我真正想说的是我们要努力提高绩效和工作结果。

测量方法

评价员工绩效通常是管理的一个关键组成部分。在工业时代，这是一项相当简单的工作。员工个体的生产力可以通过产出——实际所做的工作——来评价；或者通过有形投

入——包括花费的工作时间和显性努力——来评价。泰勒
方法体系和经济学生产力方法的一个共同点就是他们都是
通用方法。生产力导向的方法把产出的价值转化为现金测
量。泰勒方法一般指向时间测量。用确切的百分比来描述
整个公司甚至是一个国家生产力和绩效的提高的确非常吸
引人,虽然事实上那些测量方法可能十分乏味,甚至毫无意
义。

在知识工作领域,绩效评价更加困难。经理如何确定一
位知识员工是否启动其大脑中足够多的细胞全身心投入到
工作任务中呢? 什么是评价一个创意的创造力和革新力的
公式? 鉴于以上评价的困难,知识员工的管理者普遍倒退回
测量有形投入的方法,例如,工作时间的测量,类似于律师、
投资银行家、咨询人员花费的时间长短的测量。然而,随着
越来越多的知识工作由办公室转移到家庭以及客户所在地,
已经很难用时间作为测量标准了,而且这个标准确实无法测
量知识产出的质量。

也许知识工作测量的最大问题就是质量测量。我们凭
什么标准断定一份研究报告、一条广告标语或一个新的化学
合成物优于其同类? 如果无法更便捷地衡量知识工作的质
量,就很难确定谁做得更好,何种干预措施能够使其更有效
地运行。很多组织倾向于采用测量知识产出量的方法,例如
程序编码的行数,仅仅因为它们更容易管理。但是如果缺乏
质量测量,知识工作的改进就难以顺畅地进行。

令人庆幸的是,仍然存在测量知识工作质量的方法,即

使可能有些主观。它包括为特定被评价目标确定一个相关的同级群体,询问他们对工作的看法。例如这项技术在教授晋升和任期评价时经常采用。同事评价(通常来自于校内外)以及申请人公开出版物质量的评价都须被参考。类似地,学生评价用来获取教学质量评价的信息。任何缺乏目标导向的问题都会导致反馈信息过量。同理,在年度绩效回顾和晋升决策时,很少有组织采用多方面同事评价。一些知识管理的推行者要求每一位该系统的使用者将其所发现的知识划分等级。虽然同级群体和评价方法根据条件而各不相同,但确实存在质量评价的方法。

总而言之,我坚信采用通用方法改进知识工作绩效是无法获得突破性进展的——无论在产出的质量还是数量方面。关键在于确保单位时间和成本的产出的高质量,而且知识员工类型不同,其特定产出也存在差异。例如,计算机程序员编写了多行代码;内科医师治愈了病人;科学家的发现和著述颇为丰富。确定一项特定干预能否改进知识工作绩效的唯一方法就是评价那些员工产出的数量和质量。通用方法对于实现这个目的毫无价值。

因此,知识工作适用的测量方法因行业、过程和工作不同而有所不同。如果你正在试图改进知识员工的绩效,确定何种测量方法对你正关注的工作起作用至关重要,然后应用它们。组织需要使用一系列的投入和产出,其中很多是内化在知识员工的头脑中的。一项投入可能包括知识员工在作决策和采取行动时需要参考的信息和知识(对管理者而言这是相当重要的一项评价标准）。全球电子和工程公司 ABB，使用这个因素作为考察管理绩效的一个重要标准。另一项投入可能是知识员工在从事知识工作时遵循的生产过程。第三项可能的投入是知识员工时间和精力的自主调配。[5]

产出应当包括生产的知识的数量，以知识为基础的决策和行动的质量，以及知识产出的影响（由他人评价）。在咨询业，一些咨询人员已经部分地通过他们给企业创造的知识以及他们给客户带来的影响而受到评价——除了一般意义上对费用和售出的咨询项目的测量。

测量产出当然是评价过程的经典方法。然而，如果没有设置任何特定测量方法或者数量目标，组织在应用其改进知识工作绩效时就容易感到迷茫。例如成千上万的 IT 项目都自我标榜为"决策的优化信息"，而事实上连一个测量标准都没有，甚至都没有仔细审视过一个单项决策。有太多的设备调整打着"优化沟通"的旗号，而却没测量任何与沟通相关的变量。甚至很多公司在改进操作和管理过程时也常常缺乏可测量的目标，而且鉴于测量知识工作困难重重，我们能够预见这些测量方法更加缺乏普遍适用性。

当然，一些知识工作过程相对于其他更容易测量。信息技术当然是一个境况良好的部分。在信息技术管理中有两个领域相当先进：编程，以及 IT 过程与能力。在编程领域，一些组织几十年以来一直用代码行数（lines of code）或功能点（function points）作为测量标准，各类研究人员已经分析出了生产力的显著变化。这些测量方法并不完善，但是它们使

思考

IT组织开始意识到不同群体、不同员工间存在差别。有多少次你曾听到过最优秀的程序员的绩效是最差的程序员绩效的三倍？我们还是无法确切知道如何把每个人的绩效提高的那个水平，但我们至少知道差距程度——一些律师、医生和高级经理无法被如此精确地衡量（顺便说一句，我感兴趣的一项其他研究发现：办公室大的程序员生产力更高。尽管把这个结论告诉你老板吧）。

另一个基础管理领域是信息技术过程和能力的评价，特别是软件工程（也包括软件获得、人员管理、软件密集型产品的开发）。幸亏软件工程研究所和研究员沃茨·汉姆瑞，我们才有了软件工程质量国际标准：能力成熟度模型（the Capability Maturity Models）。[6]你很可能已经听说过这个与大量公司采用的评价标准相抗衡的五层次模型。CMMs在软件开发向诸如印度和中国等地区的海外转移过程中意义重大。事实上很多印度企业已经通过了CMM五级认证，不幸的是，其数量已相当于美国本土获得认证公司的两倍，足以促使很多公司满怀信心地将其业务向海外转移。软件工程研究所已经开发了一套更普遍适用的评价能力成熟度的方法[称为CMMI——能力成熟度整合模型（Capability Maturity Model Integration）]，但是到目前为止它仅仅被应用于与软件相关的过程中。[7]

令人遗憾地，对其他类型的知识工作能力并没有一个相似的全球标准，除非你算上制造业质量的ISO9000系列标准。当然，全球标准是柄双刃剑。它意味着知识工作将流向可以被质优价廉完成的地区,而那恰恰可能在你的公司或国家之外。但如果你想经营得更成功,那确实是一个绝佳的标准。

CMM 是评价质量构成要素的测量标准优秀范本,而非仅仅评价生产力(它事实上评价的是所使用的方法是否被用来测量和改进质量)。既然知识工作产出的质量对总体绩效而言是一个特别关键的问题,确定测量它的方法就显得至关重要。从这个角度考量知识创新活动十分复杂——我们如何确定一种新的合成药、一项新的策略或者一篇新的文章是高质量的?从长期来看,我们能够了解这种新药在市场上是否畅销,或者这篇文章是否被其他学者引用。从短期来看,这些却很难被精确评价。唯一的评价方式非常主观——通过询问其他人来评价质量。对于评价个体知识员工质量贡献的组织,广泛征询意见十分重要,并且要试图剔除任何偏见。如果你是一位知识员工,维持一个了解并尊重你工作质量的人际网络大有裨益。

什么不起作用

除了类似于弗雷德里克·泰勒的记事簿和秒表等等不适当的管理方法外,还存在很多对改进知识工作绩效根本就不起作用的方法。人们尝试应用过很多方法但大都没起过任何作用。一些方法根本没有意义,可无疑还有些人一直在使用着。

自上而下式再造(*Top-down Reengineering*)

20世纪90年代中期,当再造十分流行的时候,一些组织尝试采用知识工作的自上而下式再造管理技术。大部分组织已经清醒地意识到不花大量时间了解知识工作而仅仅告诉知识员工如何工作并不是个好主意,但实践中很少有组织花时间这么做。他们绘制了过程、次级过程和再次级过程的详细图示,把它们制成手册分发给那些从事相关工作的人。知识员工通常都会忽视新的过程流,因此这不会有什么负面影响,但确实有点浪费钱。

我从多种角度来分析这个问题:一种角度是采用这种方式的组织的咨询和研究人员(虽然通常我都反对采用这种方式),另一种角度是企图应用这种方式的公司的员工。两种角度我都发现很难对一大群不愿以那种方式工作的知识员工强制推行新的工作过程。工作的大部分是无形的或者很难以简单的方式评价和测量。

例如,一次从机场回家的途中,我去了一趟我所在的咨询公司的办公室。在桌上我发现了一本崭新的、以彩色塑料封皮包装的活页本,封皮写着《管理咨询过程》(*the Management Consulting Process*)。我潜意识感觉到一个过程再造项目正在进行,但事实上我从未参考过它——虽然是我出版了关于业务流程再造的第一本书。此外,加剧我对这份材料不满的是我的感觉,这种感觉大部分知识员工都有——我的工作与公司大部分员工有显著差别。相较一个咨询人员而言,我的身份更像一个研究人员和作家,我觉得我独特的咨询工作不应当也不可能囊括在"管理咨询过程"的特定标签下。那我是怎么处理这本材料的呢?我决定做个乐于合作的公民,并没有急着把它丢进垃圾桶。我随手把它放在了书架上,无聊的时候甚至翻过几页。最终,在离开那家公司的时候我把它丢进了垃圾桶。也许我应当仔细研究研究那本材料以确信它确实与我的工作无关,但我猜即使是那家公司的主流咨询人员也会有和我同样的反应——所有人都认为自己是独特的。

这个例子启示我们,想要使知识员工遵循一个新过程,必须确保几乎所有知识员工都能感受到他们参与了自己工作的设计和再设计。这一点从逻辑上来看很难实现,特别是当大量员工从事一个相同的过程时。一些情况下,代表性民主是个可行的选择——如果能让知识员工感到他们敬重的同事参与了工作设计,就足以实现更高水平的遵从。

脚本方法(Scripting)

在低等级、低熟练水平的知识工作中,工作脚本已经成为一种绩效改进的普遍方法。这里假定专家能够为从事低水平工作的知识员工设计脚本以指示他们在特定条件下应当说什么,应当如何对待顾客。这个方法在呼叫中心最为流行——很可能呼叫中心的代表已经向你照本宣科地读过了销售条例。即使将脚本方法应用在这种低水平的技能中也可能存在问题。我们理解作为听众的感受。宣读脚本不仅

使顾客感觉像在敷衍,而且使人觉得员工在工作中并没有投入其全部能力和创造力。这种方法可能使一些低绩效员工的效率提高到一定水平,但却无法创造出一个高绩效的知识员工团队。而且一项工作的知识和能力要求得越高,脚本能起的作用就越小。

然而,脚本的使用正在增加,而且可能正在被应用到很多本不应使用的领域。例如,脚本正在一些学校里被使用——包括纽约城市学校——旨在教小学生阅读。纽约时报发表了很多由纽约的新一年级老师撰写的文章,证明采用脚本方法的老师确实比采用传统方法教学的老师获得了更多好评,例如在了解学生并分析他们个人能力的方面。我不知道你怎么想,但我很庆幸我的一年级老师没有用脚本的方法教我阅读(无论如何我还是学会了)。

脚本方法有它的适用领域,本书中我将多次谈到这个问题,有时它是改进一项以知识为基础的工作的有效工具。然而,大部分情况下,它仅仅是一个最普遍的分母式方法,而且如果你看中的是知识员工产出的质量,最好还是先把这种方法搞清楚。

以计算机为媒介的工作过程

我在本书中的一个论点就是:只要有可能,使用计算机来调节和结构化知识员工的工作是个不错的主意。它的思想是,由计算机将工作、信息和知识带给员工,同时一个知识员工所采取的最有价值的行为将被输入到计算机里,或者至少由计算机来记录。如果你只能采取一种方法提高知识工作的生产力和效力,这很可能是你应当选择的一种方法。第五章我将阐述这种方法的很多优点和例子,这个主题也将占用最大的篇幅。

然而认为这是解决知识工作和知识员工所有问题的方法是荒唐的。计算机调节方法与脚本方法的很多缺陷相似(脚本经常需要在计算机屏幕上显示),有时我们不应当将注意力集中在计算机屏幕上,而应当关注人的声音和表情。我并不介意我的医生在我和他相处的短暂时间里偶尔瞟几眼计算机,但我十分希望他可以更关注我和我的症状。

与用计算机调节工作相关的其他问题是工作的结构性。高创造性的知识工作不应当被高度结构化,例如借助计算机、一个具有过分控制欲的老板或者其他任何东西。当被给予更多时间思考和反省的时候,人类将更具创造性和洞察力,依靠计算机屏幕上几行空洞的文字和闪烁的指针是毫无意义的。

相似地,计算机有提高知识工作时间紧迫性的倾向。当计算机开始结构化和测量工作流的时候,离经理试图提高工作效率也不远了。其实情况往往未必如此,当工作可以借助计算机完成的时候,它早已被简化得不需测量时间了。特雷莎·阿玛比尔(Theresa Amabile)的研究已经证明了时间压力对创造性有负面影响,因此如果一项知识工作过程需要创造性,它可能需要保持高度的结构自主性。[8]

对所有知识员工一视同仁

本书是在这样的假设下完成的：根据知识员工的工作绩效和对其工作的干预方式我们可以把知识员工视作一个群体。但如果以相同的方式对待所有的知识员工就大错特错了。第四章我将描述一些知识员工的不同类型以及这些类型的启示。然而现在我就可以断定，从某种意义上讲，知识工作散布在组织的各个角落，如果你在试图采取干预措施之前没有充分鉴别这些差异，大错特错就是必然下场。

例如我在本章中所涉及的一些问题与一些知识员工更加相关。脚本方法适用于呼叫中心的员工，但是对科学家而言则可能是个灾难。计算机调节方法对在医护领域工作的内科医师可行，而对那些其他领域的员工或者护士则并不适用。即使通常自上而下式再造不是个好主意，它也可以成功地适用于一些低水平的、工作相对程序化的知识员工。即使我用统一的定义描述知识员工，你也需要认识到所有的知识员工不可能完全相似。

实验笔记

我们正处于思考和了解如何改进知识工作的早期。我冥冥中感觉到凭我的所知，我可以以此为题写一本书，当然还需要补充很多内容。每一次试图改进的努力都是，或者应该是一次实验。每次组织采用新技术、新工作过程或者工作环境的新设计，都是知识工作改进的实验。而且这些实验在美国、欧洲、日本和其他复杂经济中每天都在发生。

问题在于我们并没有把它们看作实验，并没有基于合理的实验和学习来采用新的办公室布局、组织和运行方式，而是基于流行的偏好和内心的感受。如果其他公司都在办公室里设置壁炉，允许员工带宠物上班，你的公司也会觉得这是个好主意。如果你的喜欢鼓弄小玩意的朋友将 PDA① 绑定在电话上，你也会想弄一个。如果一个办公室家具商设计了一种新型小家具并向买家保证这种家具可以加强沟通，它就有人买——特别是当它能使每位员工所占空间比之前的办公室陈设更少时。有时，将知识工作干预产生的收益转化为投资回报分析以吸引投资，但很少有公司可以回顾并测量他们真正省下的或者得到的资金。

实验需要精确和标准。进行真正实验的公司在变革前后都要控制工作环境的显著方面。它们一次仅改变一个方面以便可以针对工作的改进和恶化归结原因。它们记得实验中的收获——也许甚至记录下来！虽然越来越多的人认识到实验对于创新和战略至关重要，但这个趋势并没使知识工作有太大进展。[9] 然而，大量组织正在从他们在这个领域的干预措施中学习。

---

① PDA 全称为 Personal Digital Assistant，即"个人数字助理"的意思。该设备集个人信息的处理和管理、计算、通信、网络、存储、娱乐、电子商务等多种功能于一身。让人们可以随时随地处理文档，上网浏览网页，收发 Email，可以发传真，可以玩游戏，甚至未来的 PDA 还可当手机来用。——译者注

例如,美国第一资本金融公司(Capital One),一个领先的信用卡供应商,正在其知识工作改进中应用这种标准水平的实验。美国第一资本金融公司自然会采取这种类型的内部实验,因为它以其顾客市场细分、差别信用条件、直接营销、顾客激励而著名。对它自己的知识员工,公司正在发起一系列包括"生产力与知识管理"的项目,这些项目正在由信息技术、人力资源、公司房地产职能部门合作监督。例如,在一个项目中,美国第一资本金融公司正在推行一个"办公室家具"项目,其中包括多种移动技术和不同的开放工作环境选择。900多名员工参与了这个项目,现在正在其位于弗吉尼亚州(Virginia)列治文市(Richmond)的整座大厦中如火如荼地进行。项目经理正在开发相关测量标准和进行态度调查,以便他们能够衡量该实验的商业价值。其他项目包括一个合作入口和知识库,非流动、流动和远程工作员工的分类。

本章小结

知识工作干预方法不具有严格的科学性,所以在这些实验中我们并不需要完全依赖科学方法。但无论采取何种类型的干预方法,都值得花时间和精力思考一下你将有何收获。你能仅把这个项目看作一次尝试,在组织某些部门中推行一小段时间,以便观察实验组与控制组如何相关?你能一次只执行一个想法以便观察其影响,而不是进行一次性的彻底改变?结果,而非研究,才是知识工作干预方法的目标。很难说如果缺乏一个总体的实验标准你的干预方法会有什么意义。

在这一章,我已经描述了一些知识工作干预方法的"题中之义":为什么干预如此重要、干预的目标、如何测量知识工作以及在知识工作项目中需要避免的普遍错误。除了前几章谈到的不同知识员工的异同,这些讨论可以成为改进知识工作绩效的有益背景。本书剩下的章节将提出一些干预的特殊方法。第四章将集中探讨组织如何实行知识工作的过程导向。

提升知识员工绩效的建议

➢ 对知识员工采取自由放任的做法并不能起到改进绩效和结果的作用。

➢ 不存在知识工作测量的通用方法;组织应当确定对每一特定情况何种方法更有价值。

➢ 知识工作的自上而下式再造不太可能成功。

➢ 在低水平的知识工作中,可以用脚本或计算机告诉员工在他们的工作中应当说什么和做什么,但在更复杂和更综合的知识工作过程中这两种方法的价值有限。

➢ 计算机对知识工作改进十分有益,但并不是所有的工作都可以通过计算机调节,因为它们本质上是非结构性和合作性的。

➢ 知识工作绩效改进是一个实验,但是大多数组织对于

如何设立和改进他们的实验结果并没有受过充分的训练。

第四章　知识工作的过程

改进各种工作的一个有效方法就是把工作当作一个过程来对待。用过程来对待就是建立一个正式的框架来约束它——定义它的开始、中间步骤和结束。弄清楚这个框架的适用对象，进而进行测量，观察评估当前绩效，最终实现改进。过程导向暗含着设计思想，我们不是仅仅接受现有的工作方式，而是不断努力地寻找更好的方法。一旦在工作中建立起了构架，有很多方法来改进过程，改进的目标可能是激进的或是渐进的。在正式接受新技术之前，有必要作一个针对过程的分析，这样你就不会盲目行事。这种基于过程的绩效改进已经不再陌生，而且是改善知识工作活动的一个显而易见的选择。

　　然而，正如第三章所提到的，知识员工不会经常成为过程分析的对象，在一些例子中，他们积极地去避免它，或者仅仅与它们擦肩而过。值得注意的是，知识员工有抵触机械地教他们怎么做的本能，而过程分析经常是教人怎么做你的工作的方法。而且观察知识员工工作过程不是一件易事，其工

67

作的高度合作性和相关性使得结构化很困难。当我们和知识员工谈论起他们的工作时,他们通常认为他们的工作不具有一致性并且不可重复,因此不能被看作一个过程。但是这些并不意味着这种过程化的视角不适用了,或者知识员工的工作难以进一步结构化——只是因为还未深入考虑。

和普通员工长期遭受的误导一样,知识员工也容易掉入一味追求"努力工作"的陷阱。当面对提高绩效即产出的压力时,许多组织和管理者只是简单地要求所有的员工努力工作,而不是要求他们选取更巧妙的工作方式。正如纳尔逊·雷朋尼(Nelson Repenning)和约翰·史塔门(John Sterman)在一篇很有思想的文章里指出的,他们甚至可能以浪费时间为由,放弃改进工作的尝试。[1] 这样就导致了死循环——知识员工越来越努力地工作(甚至是夜以继日地工作),但由于没有时间检查和改变,实际过程并没有改善。然而,只要你稍微关注流程改进,你就能获得有效的循环。而另一方面,如果对过程改进稍作关注,过程就可能形成有效的循环。

随着近年来"知识管理"的发展,企业试图用电子化的形式来获得和传播知识,然而,这对知识工作过程也没有太大的帮助,尽管我是知识管理的支持者,也写过这方面的一些书,但是我认为知识管理活动被过分强加在现有的工作过程之上,而且并不是十分成功。很少有知识员工有闲暇时间来记录他们最近学习的课程,或者从他们同事那里寻找经验。如果要让知识员工适应这些,我们必须给他们留出额外的时间。这些需要的行为(包括知识的创新、分享和利用)必须融入（bake into）工作中，同时消除一些不必要的活动。

由于知识员工历来对标准化过程的反感，显然他们会质疑过程导向怎么会使他们感兴趣。很多知识员工会把一个正式的过程看作是官僚、程序上的恼人事件。然而，一种更加吸引人的可能性是这种过程导向会对知识员工有益——他们会从过程带来的规则和结构中受益；如果有必要时，还能保持足够的空间去创造和发展。当然，这个可能性是否可以实现取决于过程设计本身，过程实施及管理的方式以及参与的特定个体。

尽管有理由在这个领域持乐观态度，然而，美国的一位组织行为学研究专家保罗·阿德勒（Paul Adler）已经研究了知识员工的一类（软件开发者）在过程导向日益增强时所遇到的日常事件。在这个特定的过程领域，有广泛应用的过程导向方法。这个软件工程部的能力成熟度模型（Capability Maturity Model，简称 CMM）使分析不同成熟度的过程成为可能。阿德勒观察了公司（计算机科学公司）里成熟度为五的（成熟度的最高水平）的两组员工，和在同一公司里成熟度为三的另外两组员工。

阿德勒得出的结论是，在很多情况下，增强的过程导向对软件开发者有正向作用。他论文中对此问题的几点重要评述如下：

> ……在软件开发领域，越是日常性的工作经过标准化和形式化后会变得越有效，剩下那些非日常性的工作则进行非结构化处理，从而允许他们在工作中具有的更

多创新。

……这种过程成熟度是建立在开发者具有赋予能力和充分授权的基础上，而不是强制或是脱离群众的。

过程成熟并不意味着自主的丧失，高的能力成熟度让人们形成更广泛和紧密的相互依赖关系网……

确保过程原则有正向效用的关键是广泛地参与……人们支持那些曾经参与创造的项目。

对热衷于在知识工作中引进过程视角的那些人来说，这无疑是一个好消息。当然，这个结果并不是对所有的知识工作都适用，更多的研究是需要的。但是，它标志着只要管理正确（如广泛地参与和合作），过程导向可以让知识工作更加有效。

当然，在一些例子中，也有可能存在知识员工积极抵制或忽视过程导向的现象。在这种情况下，强行实施可能导致权力斗争（power struggle），这种冲突的结果视不同情况而定，但这并不是典型的"劳资"（management versus labor）冲突，这里没有典型的工会，请注意——知识员工很少由工会代表，虽然他们可能由专业协会（professional association）来代表。知识员工倾向于讨论质量和顾客服务等问题而不是传统的劳资冲突中经常出现的关于工时和工资等问题。不过可能也会有一些冲突，因为在很多行业领域，适合更有效的过程可能会和知识员工的自主起冲突。例如，在医疗护理业的一名专家（他本身是个医生）所说："赋予医生更少的决定权可以改善公共安全状况。"[2] 其他的行业也会面临这种相似的尴尬。

过程和知识工作划分——先前的矩阵

正如我在这本书中一直强调的,知识员工不都相同,所以针对不同知识工作和员工,相应的过程导向之间应该有明显的差别。重申一遍,例如,第二章所介绍的那个四分图(four-cell matrix)。总的来说,事务型工作(transaction work)较其他类型的工作更容易在过程中结构化,因为这些工作通常是可以重复的,而且从事这些工作的员工很少能够自由地按照他们喜欢的方式工作。相对应地,另一个极端是合作型员工(collaboration workers),他们大概是最让过程导向经理头疼的了,他们的工作通常需要创新合作,而且工作的形式难以识别。他们否认自己的工作有任何结构性——"每天都是不同的",他们经常这样对我说。如果你一定要勾勒出一个过程推荐给这些员工,他们会联合起来极力而成功地抵制它。

综合型员工(integration)和专家型员工(expert workers)在这个过程导向的统一体里处于中间位置,综合型工作可以被正当地结构化,尽管高水平的合作通常会导致相对复杂的过程。综合导向的员工还算较容易受过程影响的,专家工作可能更加难以过程导向,专家本身"恃才傲物",需要我们慎重对待。他们通常有驾驭和不遵循过程的能力,而且他们时刻警惕着指示他们工作的方法手册。

当然,过程导向是否和特殊种类的知识工作有关不是一

个单纯的是与否的问题,因为对于每一类型的员工,我都可以提供使他们的工作朝着更加过程化方向改进的建议:

> 事务型员工:这些员工需要被告知工作流(flow)和必要的知识,他们很少有时间参考客观外部方针或知识资源。幸运的是,通常可以相对容易地把过程流嵌入到基于计算机的应用程序中,包括结构化的工作流或脚本。这种系统通常把工作(所有需要的信息和知识)明确地提供给员工,同时对过程和员工的生产力进行测量。用工作流系统(workflow system)来对工作进行结构化并不容易,但却非常有效。

> 综合型员工:对于这种类型的工作,以文件的形式清楚地列出这些过程以便员工遵循是可行的,员工拥有足够的时间和判断力来参考这些文件。过程描述已经不是什么新思想了,但是一些实践尝试还需要在很多行业继续。例如,医疗技术员在执行测验和治疗时通常参考健康保健协议(health care protocols)。美国最大的电子零售商 Best Buy 的销售人员在向顾客营销产品时需要参照一系列"标准运行程序"(standard operating procedure),甚至连美国军队在"纪律"(doctrine)中对于如何完成工作也有详细的描述——包括新技术和战争战术,像这样的工作越来越重视知识导向。

➤ 专家型员工:这些员工在工作中具有较高的自主意识和辨别力,但是也有这样的例子,像伴侣健康护理中心和奥马哈(VA)医疗中心这样的组织,把技术运用于过程的关键方面(在这些例子中,包括开药、测试、推荐医生以及其他的医疗活动的关键方面)。但是,除非能把计算机运用嵌入工作过程,否则专家员工将会是过程化工作观点的挑战。要提高专家员工的工作绩效,定义工作流的细节方面不再适用,取而代之的应该是向他们提供模板、产品的样品和高水准的指导方针。毕竟要求专家员工把注意力过多地放在过程流的细节上是不太可能的。

➤ 合作型员工:正如我提到过的,合作员工是最难适用传统过程的类别。对专家型员工需要特别注意的地方同样适用于合作员工——一种温和的过程接触(a gentle process touch)是值得的。指定和测量产品、逐渐灌输顾客导向、培养紧迫感是更容易成功的干预(intervention)方法,而不只是简单地列出过程的流程图。如果外部相关知识和信息对于工作是必要的,那么必须储存在知识库或文档里以方便使用——这种类型的工作通常不能完全依靠计算机来中介和结构化。当然,这意味着相对来说知识和信息更不容易被运用。

知识创造、分享和运用

上面提到的四种类型并不是知识工作的唯一分类方法。可能一种更明显的分类方法是把过程视作包含一系列围绕知识的活动。在第二章中已经讨论过这种活动的类别，包括寻找、创造、分类、分享或运用知识。然而为了思考过程干预，我会用更加简单的分类——根据员工是否创造、分配或运用知识——分成不同的过程导向，这种简单的三步模型（过程蕴含其中）是分析"不同类型的知识活动需要不同的过程干预"的有效方法。[3]

知识创造

对知识创造的过程管理是最令人头痛的。因为人们广泛认为这是一种特殊的"暗箱"活动，几乎不可能用过程导向来管理，我也承认这是困难的，而并非不可能。知识创造的各种环境是完全非结构化的，不能被测量，也不可重复，但是在很多情况下，我仍然坚持可以在过程导向的指引下获取进步。

对待知识创造过程的一个普遍方法是简单地把它们分成几个片断或步骤，举个例子，20世纪80或90年代的许多企业把它们的新产品开发过程分解为一系列步骤或阶段。目的是评价从一个开发阶段到另一个开发阶段的转换——阶梯门（stage gate）——所创造的新知识。一种新的药物配方，一款新的汽车设计，或是一个新的玩具模型的开发，随着技术和市场因素相结合的标准的提升都要通过阶梯门。如果这种进程能以标准提升的方式表现，将会形成一种财富，即在不需要对开发人员强加过程压力的情况下从不具有生产力的项目中获取收益。然而，这种方法并不能真正说明各阶段内的活动，或者说新产品开发过程人被视做终端对终端的过程。[4]

　　知识创造过程还有其他可供选择的方法，但还是相对低水平的过程导向。比方说，科学研究就是一个典型的难以结构化的知识创造过程的例子。科学研究有很多合理的方面难以被结构化——这种号称能带来奇迹的步骤因为在 New Yorker 卡通的适用失败而声名狼藉。有很多的方法和技术能够将科学研究赋以过程原则。一种方法就是简单地测量产出，比如每年每位研究人员所接待的病人，开的处方或发表的论文。第二种方法是评价质量，比如一位研究人员每年被引注的数量就是一个衡量科学贡献的常用指标。第三种方法是在创造过程中引入顾客研究（包括组织内部和外部），这些影响就能够被更加直接地感受到。很多公司的研究实验室，包括 IBM 的沃特森（Watson）研究中心和通用公司的研发部门，为了增加效益已经在近几年来接受了这一方法。如果一个组织是具有创造力的，而不是机械地依赖于过程流程图（process flow chart），应该有很多方法让知识创造过程更加富有效率和效果。

　　另一个知识创造过程是石油勘探。地质学家和工程师创造定位开采区域的地质学知识，而且试图利用更多的知识

来降低开采的风险。赫斯·阿曼瑞达是一个中等规模的石油公司,它的开采项目遍布全球。赫斯·阿曼瑞达正在进行一项描述石油开采过程的尝试——"勘探决策过程"(exploration decision-making process),对于赫斯·阿曼瑞达来说,这是文化的延伸,通过这种方式开采历史性地成为了高度非结构化和相关性的活动,从事这项工作的人享受着自由思考且"独立"的文化。当然,会从实践中获得收益,以可视的方式来描述勘探决策过程能够极大地增强参与度,从而理解他们的角色、责任,以及与过程的交互作用。但是过程图(process map)只得到勘探管理层的支持,简单地记录每种勘探前景的历史是更有效的干预。这种"前景评价表"(prospect evaluation sheet)使我们能够回顾怎样进步至现有前景水平的历史和相关事件。这种记录会鼓励那些同事之间关于可行的干预方法的开放性讨论,从而帮助他们弄清模糊的地方。在前景能够胜任通过决策门(decision gate)之前,更加重要的是坚持同事评论和相互帮助。"前景评价表"仅仅是一种记录前景如何通过过程而逐渐成熟的方法。

总的说来,由知识员工参与的知识创造需要一定的结构化,但不能太多。例如,非常成功的产品设计公司 IDEO 向它的员工提供结构化的头脑风暴过程,但是其他的过程很少具有正式结构或形式。康宁(Corning)公司的研发部门,和其他的科学研究组织一样,引入了创新过程的"阶梯门"模型,但是在各阶段也有实质意义上的自主权。如果比这些组织提供更多的结构就会显得过于古板和严格。

知识分配

知识分配,即对知识的分享或转移,同样难以结构化。对有些职业,其全部工作就是知识分享,例如顾客服务、新闻业、图书馆服务。然而,对大多数知识员工来说,这仅仅是工作的一部分。律师或顾问首要的职责是帮助委托人找到解决问题的方法,但是也有责任把解决方法与同事分享以研究出当前存在的知识是否对委托人有用并且容易获得。这种知识的分享难以强加,因为我们无法知道哪些人拥有知识,并且是经过多大的努力来获取知识。然而有实证研究表明愿意知识分享的知识员工团队比那些不善于分享的团队的绩效高得多。[5]

管理知识分享或传递最为可行的方法不是对过程本身进行管理,而是对知识分享得以实现的外部环境进行管理。这通常包括改变工作场所或是合作伙伴。例如,克莱斯勒汽车公司成立了"平台型团队"(platform teams)来改善新汽车开发过程中各部门之间的知识流通环境,这些知识交错来自于组建新车的各部门。管理者会明确地制定一个指引各个团队在不同点分享知识的过程,但是,如果将平台型团队植入到克莱斯勒(Chrysler)坐落于密歇根州(Michigan)奥本山市(Auburn Hills)技术中心的相同部门,将更有利于知识分享。

测量法(measurement)是促进知识分享过程的另一项可行策略,我们容易对投入进行测量(比如,组成知识库的系列

条款数量以及知识分享团队中参与者的数量等等）。但是很难对促进知识分享的关键因素（产出以及商业价值等）进行测量。很多组织曾经对知识管理中的知识分享作过粗略的评估，但从来没有超出投入因素的范围。

然而，事实上测量知识分享的产出行为需要相关商业过程测量方法的改进。比如，在 IT 业中的顾客服务过程向顾客传递知识，如果你要对这个传递过程作些改善，你需要识别该过程绩效的关键测量因素（比如解决顾客问题的平均时间，或者顾客的平均满意程度）从而领悟到知识分享是如何改进这些测量结果的。这些过程测量最终往往可以被转化为财务利润。

知识应用

接下来是知识应用，就是将知识经过人脑的过滤后应用于工作。这种工作的典型例子包括销售、计算机编程、会计、医疗、工程和其他很多工作类型。这些工作都包括一定程度的知识创新，但这不是其首要目标，我们要求这些知识员工不仅创造新知识，还要求他们能够把现有的知识运用于熟悉或不熟悉的情景。我们不要求程序设计员创造新的程序语言，而是要求他们用现有的语言编写应用程序。我们最渴望的是这些人想出来的"小点子"，而不是工作或公司的全盘革新。

怎样使知识更好地运用？在很多情况下目标是更有效地再利用知识。比如说，当一个律师重复运用在其他案子中得到的知识，或者是程序员很好地运用其他人创建的子程序时，绩效往往能得到大幅度的提高。知识资产的再利用往往存在于组织目标中，但实现它很难。很多的组织和职业文化奖励，有时是无意识的，知识创新甚于知识再利用。而且，知识资产的有效再利用要求在知识的可重复利用性方面投资：为目标知识建立文件、图书馆、目录和模块结构。很多组织和管理者则恰恰缺乏投资于这种知识再利用过程的长远眼光。

在我和同事们研究几种类型的组织对知识重复利用时发现，有几种因素可以解释组织是否成功地再利用知识。[6] 领导力（leadership）是其中的一个因素，即拥有一位能够理解知识运用的价值并愿意管理和投资的领导者主持大局，从而真正实现知识再利用。另一个因素是资产可见性，即有需求时，容易识别和运用知识资产的能力。第三，也是最后一个因素是资产可控性，即确保长时间维持知识资产质量的相关活动。因此，知识再利用，作为改进知识运用过程的一种方法，任何对其感兴趣的组织都必须对这三个因素高度重视。

还有其他因素可以改进知识利用。当然，电脑可以监控这些再利用过程。比如说，在通用公司（GM）的车辆工程中心，新车设计员被鼓励尽可能地重复利用知识和工程设计，而不是片面强调创造新事物。所以，新车型的合意维度（desirable dimension）和现存组件设计的参数都被编程于计算机辅助设计系统中，设计师们不去利用它们都很难。一位 GM 的高层管理者告诉我们，你不能强迫设计者再利用现有的设

计和组件,所以你不得不创造环境让员工很容易再利用知识,不需要创造新知识。

　　现在在很多组织中,如果有知识的再利用的话,也只是停留在制度层次。但是,有充分的理由相信最有效的知识员工会时时刻刻再利用他们拥有的知识。如果我能像作家这样的高效,在写这本书时就会很容易查找和再利用以前写过的与此领域相关的文章,也许需要用稍微不同的语言来避免抄袭和版权冲突(我不想对此作评论)。一个高效的律师会对他写过的所有观点和摘要建立索引以便快速寻找,以便在新的案例中重复利用。当我们意识到这是对的,组织必须帮助知识员工执行这种再利用。如果员工比较聪明,那么就相对容易,因此可以为他们提供分类法、培训、角色模型和相关激励。

把过程分解为步骤

　　考虑知识工作过程的最后一步是把它分解为要素步骤。过程的其中一些步骤比其他另一些容易被结构化和施加干预。例如,新产品研发过程的起始阶段通常被称为"混乱前端"(fuzzy front end)是不无道理的。因为这段期间,顾客的需求,新产品的用途和运作过程都不十分清晰。因此必须采取一些措施使这段混乱过程变得一定程度上不太混乱,如质量功能展开(QFD,Quality Function Development)就是明确顾客需求的一种方法,结合分析(conjoint analysis)是一种用于计算相对顾客不同产品的相关价值的统计技术。然而,没有一种技术或者过程管理的努力能结束这种混乱状态,使之像产品开发后期步骤(如制造过程或市场测试)那样清晰和容易结构化。因此,根据各个步骤固有的结构化的难易程度的差异,在过程的起始阶段而不是结束阶段应用合适的干预更富有意义。

可能会有其他的因素使某些特殊的步骤更加应该从过程的角度思考。举例说,假设我需要改善咨询过程,我们必须关注于通常由合作者关注的市场和销售活动,包括和委托人相互之间来回的商议。或者我应该根据在咨询项目中为顾客所做的实际工作来设计过程。大多数这种工作是由基层员工完成,而他们的行为相对容易受影响。这个阶段的工作属性已经在事务所和公司里达成一致,因此,更容易结构化。如果要我来改善这个过程,我会在后阶段运用传统的过程技术,但是市场和销售的前段过程就不同了,这些不能被忽视,而且需要不同的、更加精细的技术。

知识工作中的过程与实践

在大篇幅地阐述了知识工作中的过程视角后,值得指出的是,理解知识工作中的另一面——实践同样重要,从而与过程视角相平衡。

我坚信如果我们要成功地改善知识工作过程,必须抓住这个关键特征(对于其他种类的过程也会有用,但是对于知识工作来说尤其关键)。我开始意识到其重要性是始于阅读了约翰(John)和保罗(Paul)在某个学术刊物上发表的文章

"组织学习和实践社团"(Organizational Learning and Communities of Practice)。[7] 在阅读了他们的萌芽思想以后,我意识到自己过程导向的偏见,开始转变为把过程和实践结合起来。[8]

任何改变工作完成方式的努力都需要兼备过程,工作完成方式的设计和实践,即员工对现实工作的反映方式和完成所设计方式的理解。工作过程是由分析家或顾问组成的团体创造出来的一种计划、模式或工程活动,而这些人本身并不实实在在地从事这些工作,而只对当前的工作方式了解一点而已(我敢说这个是因为我本身也犯过这方面的错误)。过程设计只能提供一个在未来应该如何完成工作的基本的抽象方式。过程分析家很肤浅地认为"所谓"的过程,实际上只是工作应该所处环境描述的简单导言。那些知识工作强烈的过程导向暗含的意思是:"我知道你正在为生存思考,但我认为关于你的生存我能比你思考得更好。"

实践分析(practice analysis)更像是人类学(anthropology),它使那些真正从事这份工作的员工能够更详尽地描述工作如何被完成。工作实践的分析是由那些认证的人类学专家通过几个月来对员工的仔细观察来完成的,或者通过现场参与或者视频来进行。要真正理解工作实践需要对细节的关注,同时持有如下哲学观:工作以特定方式完成往往有其充足的理由。正是接受了这种实践观念体现了对员工和工作本身的尊重,同时确认他们了解自己大部分时间都在做什么。

只是单纯地关注知识工作的过程意味着这个新设计成功实施的可能性不大,很可能并不现实。我们经历过一些新过程设计或模式没有机会运用于现实的例子。另一方面,单纯地关注实践也不是十分有用,它会导致详细描述当前的工作活动,但是很难有所改进。一些人类学家只是在朝实践方向努力,正如一些顾问一样,只在过程导向中前进。他们争论说,你必须成年累月地观察工作以便获得机会完全理解相关工作,但这在商业环境中是不现实的。

因此,成功的知识工作需要过程和实践相辅相成。当然,一些过程可以由外部人员设计并且成功实施,因为它们相对容易开始,容易通过人员或系统结构化,并且容易测量绩效。而另一类工作——那些包含知识、判断力和来自于顾客和商业合作者等外部群体的干预——让局外人来理解和设计是相当困难的,需要大量的实践导向。

过程管理的最大禁忌是对所有的新过程,都试图用真实的工程原则(a real engineering discipline)来设计。比如说,关注于用特定的模型语言来描述商业过程,而较少地关注于工作真正发生状况。一些人企图很快地把一个过程模式化,然后从模式中自动生成程序代码来建立信息系统支持过程。另一些人苦恼于寻找最合理的方法来设计"最佳实践"过程——还是几乎没有理解工作以其设计的方式进行的原因。

当过程是由低水平的、缺少教育的、不善于表达的员工来完成时,我们也许可以不考虑这些事情。但对知识员工的应用必将格外小心。他们能分析一个新过程无法实施的原

因,而且有足够的表达能力向主管阐述原因。而且激怒他们会使局面不可收拾,因为他们的手中掌握着组织的未来。

那么,把过程导向和实践导向结合起来意味着什么呢?这里有一些明显的含义:

> 让知识员工参与新过程的设计。询问他们愿意看到的改变以及阻碍他们更加有效的因素。

> 观察他们的工作(不需要一年,但几个星期是必要的)。仔细用心地观察,把注意力不仅要集中在"是什么"上,还要集中在"可以变成什么"上。知识工作是无形的,需要花一段时间去真正理解工作流、其基本原理和工作过程的多样性。

> 和知识员工交流关于他们自有做事方式的原因,不要理所当然地假设你有更好的方法。

> 让正在实际从事这个工作的分析家参与设计。例如,如果你要试图改善健康护理过程,就让医生和护士来参与设计过程。

> 学会尊重。把那些具有经验的员工看作是真正的专家(他们可能就是)。让他们站在你一边,并使他们坚信你的目标是为了使他们生活得更好。

> 运用过程管理的黄金原则。自问一下："如果我的工作被分析和重新设计，我会满意于现在我为其他人设计的那种方式吗？"

过程干预的类型

对于知识工作，有很多过程导向干预的类型。过程的改进是激进的还是渐进的；是参与式的还是命令式的；是一次性的还是持续性的；是关注庞大的、跨部门的过程还是关注工作层面的单一过程；导向于过程流还是过程的其他属性。哪种类型更有效的问题没有唯一的正确答案，它显然取决于组织的战略、过程改善的必要程度和工作的类型。

然而，正如我已经强调过的，对于知识工作，过程改进要尽可能地强调参与。一旦让知识员工在过程设计时很积极地参与，他们就更容易接受和适应过程改变。这在一定程度上限制了改革类型的选择。让很多人投身到一个需要高度参与的改革方案中是很困难的，这启示我们尝试小的过程。而且让很多熟知过程的人去参与激进性的改革方案来实施是有一些困难的，因此典型参与性的改革通常倾向于渐进性的。参与性、渐进性的改革过程也常常是在实现目标方向上的连续性的改革（相对于一次性的改革而言）。如果组织在此之后没有必须建立在此基础上的新改进的话，一次性的渐进性改革是没有意义的。

综上所述，最常见的知识工作过程形式是参与性的、渐进性的、连续性的改革。在实践中，这种方式的一个例子是

六西格玛(Six Sigma)。很多从事知识工作的企业都接受和适应了六西格玛。典型的例子是通用电气在它的全球研究组织(global research organization)中广泛应用了六西格玛。六西格玛被引入到研究设计过程中,这种"设计中的六西格玛"方法的运用,就是在产品被实际生产出来之前对产品各方面性能的理解。一些通用公司的研究人员和工程师拥有六西格玛的绿带或黑带,他们是提供研发过程分析技术的专家,这使该公司在运用研发过程管理技术方面一直处于领先地位。

另一个选择过程导向干预的关键方面是过程管理的特殊属性。正如已经提到过的,组织通常会把"过程"(process)和"流程框图"(flow diagram)混淆起来,认为其只是"你先干什么,然后干什么……"的详细罗列。这种过程的工程导向(engineering orientation)把工作分解为一系列连续的步骤,这是知识员工最不喜欢的过程管理的方面。这种形式的导向只有在组织试图为知识员工创建一个详尽的方法论如系统开发方法论时才适用。这种过程流的工程设计在某些情况下可能有用,但它不应该是知识工作改进的核心。

那么,什么是可供选择的呢? 有很多,我已经探讨过测量、为过程识别顾客以及管理知识员工的合作伙伴和工作地点(在第八章中会有详细阐述)。根据相关文件,我简略地提到过"工具和模板"(tools and templates)的方法,这些方法为知识员工提供了工作示范,并且避免让他们头疼的过程流和强调细节的方法。

举个具体的例子来说。我已经讲过,一本名为《管理咨询过程》的装订手册曾经出现在我的书桌上的故事。这份手册用四色流程框图(four-color flow diagram)详细地说明了过程中的每一步。但是它似乎太严格和结构化了,而且我和我尊重的公司中其他员工都没有参与它的制定,所以我根本不在意它。

然而,安永公司(Ernst&Yong)接受了教训,当我要辞职离开的时候,我参与了 Powerpack 工具的设计——关于怎样向顾客建议项目以改善其订单管理过程的工具。目的是加快为顾客提供建议过程的速度。据公司网站十年以后的显示,Powerpack 工具在日益强大,可以描述如下:

> 这是一系列杰出的建议、陈述、竞争性的信息、模型、特殊工具,以及各种其他相关商业资源的编辑。换句话说,Powerpack 工具包含有安永公司向员工提供的"最好的"信息,这些信息通过电子化的形式传递给员工。[9]

在那个时代,Powerpack 只在 binder 和 CD form 领域有用,但是仍然十分流行。它给咨询者提供成功和高效所必需的所有工具,但是不告诉他们怎么运用,并且不让他们感觉到这是自动装置。因为每一个 Powerpack 都描述一个特定的顾客问题,因此不至于很难使用。

这种运用工具和模板的"软"方法不是高度工程化(highly engineered)过程的唯一选择,其他的可以被称为"敏捷"

(agile)方法。它更少关注过程中接下来的具体步骤,而更多地关注过程所在的管理和文化环境。举例说,敏捷管理不强调具体的过程流,重点关注过程团队的规模和构成、高度相关的工作流,以及具有紧迫感的文化。当前,敏捷管理需要建立在软件发展的基础上,但是我猜想随着时间的推移,它有可能和其他知识管理过程结合起来。

敏捷管理方法的专家马丁·福勒(Martin Fowler)在网上用常识性的语言描述了工程方法(engineered methodologies)和敏捷方法的不同:

> 工程方法把一个原则性的过程加载在软件开发上,目的是使软件开发更加可控和有效。他们在其他工程原则(engineer discipline)的启示下,通过发展一个详细的强调计划的过程来实现这个目的,这就是我为什么倾向于把它们称为工程方法的原因。

> 工程方法已经出现很长时间了,而且由于相当成功而受关注,对这种方法常见的批评是过于官僚主义。有太多的员工参与,以至于整个推行的进程缓慢下来。

> 作为对这些方法的反思,一组新的方法在这几年出现,在一段时间内它们被称作轻量级方法,现在被接受的说法是敏捷方法。对很多人来说,这种敏捷方法最吸引人之处是对先前方法中官僚性的修正。这种新方法在没有过程和太多过程之间找到了折衷的结合点,通过提供恰如其分的过程来获得合理的回报……[敏捷方法和工程方法的关键不同点:]

➤ 敏捷方法是一种适应性的而非预测性的方法。工程方法倾向于详细地规划未来一段时间大部分软件过程——这个过程一直延续到变革。因此它们的本性是抵制变革。而敏捷方法则欢迎变革，它们试图形成一种适应并在变化中发展的过程，即使需要变革它们自己。

➤ 敏捷方法是人本导向而非过程导向的。工程方法的目标是设计一个任何人运用都能良好运转的过程。敏捷方法持有的观点是任何过程都无法构成发展团队的技能，因此过程的角色在他们的工作中支持团队的发展。[10]

马丁·福勒描述过的一种支持软件开发的敏捷方法——"极限编程"（extreme programming），它强调小团队、相关性发展、经常性测试和快速产出。还有一些其他支持软件开发的敏捷方法，它们有一些不同的特征，但是它们都比软件行业在20世纪70~80年代经常运用的工程方法更具有灵活性和以人为本。不难想象，不久的将来，我们会看到知识管理过程领域中其他类似的进步，如"极限产品开发"。

本章小结

在这章中，我们讨论了改善知识工作的过程导向方法。包括以下内容：各种测量方法、知识工作过程的不同类型，以

及可供选择的过程。我已经指出,过程方法并不是改善知识工作绩效的唯一方法(正如一些人认为的那样),而只是很多可能方法中的一种。我也论证过程的工程视角(engineering perspective)必须和知识员工每天的实践相结合,而且描述了一些知识工作干预的"软"方法。

在理想的情况下,知识工作过程可以创造出一个创新和原则共存的环境。知识员工往往对他们的创意充满热情,不会轻言放弃。然而,在一些情况下,扼杀工作的主动性是必要的,目的是为新事物释放资源。举个例子,药物公司的经理已经意识到一个强大的药物发展计划的重要方面是取消那些不能成功项目的能力。但这种取消应该是过程的结果,而不是个人偏好的产物。

日本最大的消费品公司,花王株式会社(Kao Corporation)是既有强烈的知识和学习导向,必要时又有一系列过程导向原则的组织代表。公司的CEO认为,公司是一个"教育机构",也是全日本知识管理的最早接受者之一。花王株式会社的研究人员在他们的研究领域有高度的自主权(至少对于日本企业而言)。但是,公司也有它的原则。它具有高度结构化的持续的过程改进计划,即使在研发部门也一样。并且,它也会在必要时取消那些不需要的产品或项目。有这样的例子,公司一度进入软盘行业并且成为世界第二大生产商,但是到了20世纪90年代后期,软件业务已经完全日用品化了,大部分大型日本公司缓慢进行重组,而花王株式会社迅速结束了一半软件业务,然后是全部取消。1998年是花王株式会社 17 年来第一年没有利润增长,但是到了 1999 年就返回了利润增长的轨道,并沿着该轨道继续前进。

　　类似花王株式会社这样的组织把过程方法引入到知识工作中是因为事实已经证明这种方法是成功的。在改善知识工作的所有方法中,过程方法是最具原则,结构和分析的方法之一。在第五章中我们将要探讨信息技术怎样增加知识工作在组织层面上的过程。

提升知识员工绩效的建议

> 把知识工作视作一个过程是改善绩效的有效方法,尽管对于这一类型的工作,必须谨慎不要过分地只依赖过程视角。

> 事实说明在工作中更多地考虑过程导向,在某种程度上就是给予知识员工更多的自由,因为他们可以集中精力于工作中那些更加具有创造性和非结构化的方面。

> 对于知识工作,改善过程的有效方法是尽可能的参与。知识员工更容易接受和适应他们曾经参与设计过的过程改革。

> 过程导向的干预应该随着知识员工的不同类型而有

所变化:举例说,越是事务性导向的工作,越适合运用传统的过程流程图(process flow diagrams)。过程方法还应该随着知识在工作过程中是否被创造、分享或是运用而有所不同。

➤ 对于知识员工,最普遍的过程干预形式是参与的、渐进的和连续性的干预,六西格玛就是这种干预的一个例子。

➤ 涉及知识工作,用"敏捷性"的方法和技术来管理和改善工作过程要优于运用"工程"方法。

第五章　用于知识员工的组织技术

在过去的几十年里,技术恐怕是干预知识工作绩效的唯一最重要因素。个人计算机的诞生、个人生产力软件、个人数字助理、移动技术以及其他支持知识工作的应用软件极大地改变了知识工作绩效。如今,知识员工可以随时随地创造、分享、利用信息和知识。可以大胆地预言几乎没有知识员工会放弃这些能力。

仍然,这些技术也并不必然提高知识工作的生产力。我们知道我们花了很多精力在新技术上,我们也知道经济生产力总体在增加。但是我不太知道知识员工究竟如何利用这些技术,以及他们的工作怎样被影响。有一些明显的收益,比如说不需要重新输入即可编辑文档的能力,不需要重新创建即可进行微小改动的电子制表财务软件(spreadsheet-based financial plan),但是也存在明显的问题——缺少可靠性,浪费太多时间来应付设备和应用软件以及电子垃圾等等。

举例来说,我在写这些文字之前,已经花了 15 分钟试图

连接到法兰克福机场的无线网络。浪费我时间的不仅有掌上电脑,还有手机:无线卖主声称把我的验证码以信息的形式发送到了我移动电话上,不过在这个机场没有信号接收。也许我可以买一个在德国可以使用的电话,但是这样会浪费更多的时间。我可能会浪费更多的时间从我的账户中转入信用卡,即使假设我知道怎么做。这种类似的经历不会引起移动电话知识员工的注意,尽管他们也曾在类似情境中浪费大量的时间。

技术可以在两个不同层次上支持知识员工。本章将描述技术在组织层面上的运作,即支持大量的员工做好公司中的工作。另一种类型是个人工作层次上的支持,这种技术将在第六章中描述。在很大程度上,我描述的是技术对知识员工绩效的正面影响。但是我们要警惕一些负面影响——丧失生产力和遭受挫折,它通常潜伏在暗处。

与角色相匹配的应用

知识员工的工作类型不同,因此,对于所有的知识工作都使用同样的技术显然是不合理的。第二章引出的矩阵,为思考对特定知识工作类型相适用的特定技术方法种类提供了有效基础。图5—1展示了不同类型的技术在矩阵的哪个位置可以应用。[1] 在事务单元(transaction cell),这些工作包含相对较低的合作和决策,最适合的技术是那些自动结构化的事务性处理。这种类型的一个例子是呼叫中心系统(call center system),这个系统可以把电话、相关信息和知识传递给员工。在这一章稍后会介绍的英国电信的 Advisor Space System 就是这种系统的一个例子。

图 5—1　与各种类型的指示工作相适合的组织技术

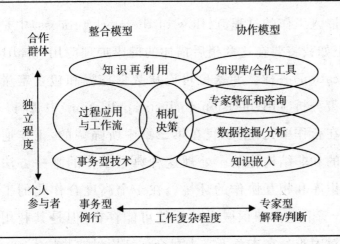

当合作程度趋向于整合模型（integration model），结构过程的应用软件和工作流的运用开始有意义。例如，在新产品开发环境下，低水平的工程师可能会根据产品生命周期管理系统（主要产品设计的设计、组建、批准的轨迹）来使他们的工作结构化。在整合模型单元也应该适合知识再利用，举个例子来说，在产品开发环境下，计算机辅助设计制图（computer-aid design drawing）可以被重复利用。知识再利用可以延伸至协作领域，比如说，律师可以重复利用一个合法的摘要。

相机决策（具体细节我会在本章下文中论述）适合于那些中等程度结构化和专门技术的工作角色，例如保险签单。

这种角色中低水平的工作可以由自动操作完成,但是专家还是有必要来建立和精简这个系统。

在专家单元(expert cell),总的来说,目标是寻找一些使计算机嵌入专家工作的手段。如果那是可能的,那么考虑把知识嵌入工作的过程流(flow of the work process)中是可行的,正如我将要在这章稍后描述的健康护理应用(health care application)一样。专家也可以从数据挖掘和包含定量数据的决策分析应用(decision analysis application)中获利。

在合作单元,正如我在第二章中所强调的,工作通常是相关的和非结构化的。处理这种典型工作的唯一方法是建立知识库和相互协作的环境。在一个高度合作化的工作过程中,一个包含知识嵌入的系统可能存在,但是其利用和发展相对困难。在本章下文中我会详细探讨这些技术。

尽管技术拥有改进绩效的力量,并不是所有形式的技术都能获得成功。对知识员工和技术来说,普遍存在两种幻想。一是知识员工能够很容易地获得决策必需的所有数据,特别是源于业务交易的数据。[2] 二是知识本身,尤其是非结构化的,文本性的知识,可以很容易被获取、分享和运用于知识工作中。这些幻想都不太现实,但确实正朝着现实化的方向推进。然而,要任何人都精通它需要更长的时间。接下来介绍的是知识员工的组织技术的简单发展历程。

决策支持

20世纪90年代后期,与信息技术运用打交道的学派中萌芽出一种称为"决策支持"思潮。这个概念的含义是通过复杂计算机运算法则的运用来提供用于人类决策的数据。这个决策支持的设想被证明是持久的。商学院的 IT 学派指出,决策支持的趋势不可抵制,关于这个主题有很多的论文来论证,也许比我们已经阅读到的更多。一些软件和服务的商家开始以决策支持的能力作为卖点。这个原始的概念逐渐进化为管理决策支持系统(MDSS)、执行支持系统(ESS)、联机分析处理(OLAP)、相关联机分析处理(ROLAP)、多维度联机分析处理(MOLAP)等等。尽管形式多样,但是基本概念还是一致的:计算机程序通过数据处理和人机互动可以揭示重要的趋势和形式,从而帮助人们准确而快速地作出决策。

然而,利用计算机加强决策的概念并没有像其他计算机软件(例如 ERP 或是数据库管理)那样真正突飞猛进。首先,从专家那里提取决策原则或运算法则输入计算机是相当困难的,而且这项工作也不会随着人工智能和知识工程(artificial intelligence and knowledge engineering)的发展而变得轻松;其次,许多知识员工不信赖和不习惯于计算机以一种暗箱的形式帮助他们作出决策,而更习惯于依赖内心的感觉或是其他传统的方式;第三,分析决策所需的数据是一个相当耗时的过程。唯一的正在起步的决策支持工具是一个相对简单的系统——Excel 电子数据表格。尽管这是种简单的工具,也需要投入大量的人力来创造和解释这个电子表格。而那些由非专业的管理者和分析师创造的工具的应用之路

也布满荆棘。

人工智能和专家系统

另一个起源于 20 世纪 70 年代,并在 80 年代达到顶峰的思想是"人工智能"和"专家系统"。这些技术试图从知识员工中提取知识或是利用计算机本身来作重要决策和判断,从而减少对知识员工的需求。

这是一个重要的思想,正如我将要描述的,组织还处于试图探索它的阶段。至少在前阶段的尝试中,这种基于知识的自动决策并不表现得十分出色。一些专家系统被开发出来,但是这个领域的先导者列举了一些问题,例如:

> ➤ 系统所需要的知识难以从专家的头脑中提取。

> ➤ 系统知识的更新换代总的来说更快于参与系统的设计者,而且维护这种更新换代是困难和昂贵的。

> ➤ 最好的系统是那些超越人类专家的,而不是简单的替代,这限制了专家系统的潜在经济回报。

知识管理

对于知识员工,最成功的组织技术被称为"知识管理"。[3]这种技术在 20 世纪 90 年代中期,伴随 Lotus Notes 平台和互联网的运用出现,而且变得十分受欢迎,一直持续到 21 世纪早期信息技术的萎缩。知识管理技术通常包括知识库的构建,即数据库。组织需要储存几乎所有可能的知识的种类,包括最佳实践、竞争智力、对于顾客的考察、先前项目的经验等等。知识最密集的行业,包括专业服务,医药学,制造业的研发部门,都以广泛发展的知识管理库为特色。

但是,这个技术也存在一些问题。我们总希望知识员工利用他们的闲暇时间处理信息。但问题是,知识员工很少有大量的闲暇时间。伴随着公司的日益精简和过程的日益工程化(engineered),让知识员工去参考和利用知识库是不现实的,尤其是当知识库变得更加庞大而笨拙时。在新世纪初,当经济形势日益复杂,知识库的价值比新世纪初有所减弱时,知识管理在一些公司悄然撤退。

然而,知识库不应该完全消失,因为这可能是为知识员工提供他们工作所需要的数据的唯一可行办法。如果知识员工的工作过程是高度非结构化和需要合作的,那么事先决策一个特殊工作或职位所需要的知识或信息是十分困难的。如果没有调节员工工作的技术应用软件(application),知识库可能是唯一的选择。比如说,正如第二章描述的合作型工作的例子,咨询或投资银行的工作会遇到上面所述的所有困难。也许说来难以令人相信,银行应该设有"投资银行家工作站"(investment banker's workstation)来引导工作的每个步骤,提供所需信息和知识。但是在任何实例中,没有人建立了这样的系统。尽管这种系统对于类似的工作即使没有实施过也可以预想。[4] 因此,这种行业里的组织不得不给他们的员工留出更多的时间来寻找和共享知识库的信息。

99

将知识整合到工作中

什么可以替代知识库作为知识管理的工具？一个答案是把知识嵌入（embed）到工作的过程流中，即我上文提及过的适用于专家员工的嵌入知识应用。这种方法不需要知识员工特地寻找知识，而是把知识在任何他们有需求时传递给他们。实际上，根据 2002 年专家的调查，"把知识管理整合到商业过程中"被选为知识管理最重要的原则。[5]

那么，组织都争先恐后地把知识嵌入到工作过程中去了吗？不幸的是，没有，而且这么做非常困难（下文会说明一些存在的障碍）。然而，这里有一些很好的例子，其中一个例子是来自于波士顿的伴侣健康护理中心（Partner Health Care），是位于波士顿的哈佛大学隶属的医院。其他的一些医疗中心也购买类似的技术，但是伴侣健康护理中心的方法不仅引进早，而且实施有力。[6]

尽管有很多方法可以把知识整合到工作中，但最值得推荐的方法是把知识嵌入到知识员工工作所需的技术中去。这也是伴侣健康护理中心为他们医生所做的。当知识支持那些每天工作必须接触到的主要技术时，知识员工运用闲暇时间和足够动机去寻找知识就不再是独立的行为。

有很多方法在工作过程中给医生传递知识，伴侣健康护理中心就运用了一些。知识被嵌入到医生所应用的信息系统。当一位医生开处方、预约测试、为病人推荐另外一位医生，甚至是调取病人的医疗记录时，逻辑模块或知识数据库会被调用从而潜在影响医疗过程。系统会诊断这些推荐是否正确或必要。调取医疗记录也会就后续测试或推荐是否是必需提供建议。

然而，这一系列方法的核心是计算机化的医生订单输入系统（computerized physician order entry system），其中存储着令人信赖的知识。这个系统会提醒医生病人正在服用的药物是否与所开处方的药物相冲突，或是对于指定的病情，药物并不是有效的或经济的。在预约测试的过程中，系统可能注意到测试对于识别疾病和症状不总是有用，或者测试已经在病人身上做了足够多用于诊断的次数。医生可以根据不同的情况运用不同的系统（参考系统或计算机化的医疗记录系统）。然而，所有的系统整合在一起形成的病人临床信息数据库和逻辑引擎将发挥更大的作用。

订单输入系统是药物传递服务的关键，因为订单过程就是医生执行对病人病情决策的关键时刻，在这时候提供的知识应该是最重要的。如果没有这个系统，就没有其他简单的方法在这最关键的时刻提供知识。这种订单进入系统可以提高效率和安全性，如可以避免对书写不端正订单的曲解。当然，它最重要的价值是能够把知识嵌入到过程中。

当然，除了和病人面对面，在其他的时间里医生也需要医疗知识。在这种背景下，伴侣健康护理中心发展了一个病人"事件侦察"（event detection）系统。当住院病人的健康监测指示明显偏离应有的状态时，系统会通过无线呼机的形式通知医生。医生可以实地观测病人的情况或者求助于引进

新的治疗。这个计算机化的系统还可以提醒医生特定的病人应该继续接受帮助或者是安排预约。

各种系统（包括基于知识的订单进入、推荐系统、计算机化的医疗记录以及事件侦察系统）要真正发挥作用，需要运用于现实。这样，知识被直接、快速地用于病人护理过程：医生不需要费力去寻找知识。在一些情况下，医生可以通过网络或是远距离咨询与专家真实沟通。

伴侣健康护理中心还聚集了其他不是当场运用的知识资源，这些更加广泛的知识存在于逻辑模块中，需要一定的时间和激情去挖掘。在线知识库（被称为伴侣健康护理中心手册）包括在线日志和数据库、特定疾病的医疗协议和方案、医生的注释摘要、处方一览表和服用细节，甚至是在线课本。所有的这些知识资源都容易在企业内部互联网上获得。这样，伴侣健康护理中心的医生容易获得的知识比同样开始广泛运用相似资源的其他医院更加广泛。

大多数伴侣健康护理中心的医生在治病之余也作研究，因此对网上知识有相当高的热情。然而，他们都很忙以至于仅有有限的时间参考这些资源。结果伴侣健康护理中心的所有机构每天对在线手册的点击率仅有大约 1000 次。与此相对，伴侣健康护理中心的其中一家医院，仅布里格姆女子部的订单每天就有 13000 份。许多商业人士发现他们自身的形势也很类似：虽然有很丰富的网上资源，但是不到紧急时刻就很少有时间和环境去利用它们。

尽管伴侣健康护理中心的知识运用已经发展了十几年，

但是还不够完善。在线订单进入系统和相关的知识只有在组织的两个医院才能得到：马萨诸塞州总部和布里格姆女子部。医疗知识也没有覆盖到医生治疗的所有疾病范围。知识被储存在几个不同的信息系统中，因此难以获得。需要努力改善的方面还很多。

然而事实表明，所有的努力是有回报的。一个有关于系统对医疗错误影响的控制实验研究表明，严重的错误降低了55％。伴侣健康护理中心专家发现的对于心脏病有特殊疗效的药物订单从12％剧增到81％。当系统开始建议一种癌症药物每天应该减少服用次数时，接受低频率改变的患者的订单从6％改变到75％。当系统开始提醒医生卧床休息的病人会导致血液肝磷脂变厚，因此也需要相应的处方时，该处方的使用频率从24％增加到54％。

这些改进挽救的不仅是生命，还有成本。举个例子，系统的一些建议可以指出既便宜又有效的药物。最值得注意的是，一个简单的药物冲突事件 ADE（Adverse Drug Event）要花费 2000 美元用于重复测试、额外的住院时间和其他花费。一个典型的 700 床的医院每年花费在可以避免的 ADE 上的费用达 100 万。到目前为止，采用这种包含知识的订单进入还很少，以至于美国的保险公司还没有意识到它们带来的成本的降低，或全国范围的医疗失当损失的减少。然而，伴侣健康护理中心已经为自身的医疗失当作了保险，早期的数据表明由于有关药物的诉讼减少，医疗失当储备可以降低。

　　发展这样的系统无论是技术或是管理都是比较容易的，而且对于知识密集型行业来说，鼓励个人或组织把他们的知识贡献于系统中是十分关键的。当伴侣健康护理中心需要创建一个复杂的信息和技术构造，其构造需要把基础知识和逻辑模块结合起来。这些逻辑模块包括病人记录系统、诊断决策支持系统、事件预警管理系统、内联网入口和一些其他系统能力。伴侣健康护理中心只能自行开发这些系统的大部分。其他的医院现在也具有一些或全部能力，但不能否认伴侣健康护理中心取得知识的途径在实际运用中的水平处于领先地位。

　　然而，整个途径中非技术的和管理的方面对于成功也十分重要，而且执行起来有可能更加困难。其中有一些方面——每一项都关于组织把知识融入工作中——的论述如下：

　　激励。伴侣健康护理中心的高层管理者怎么会有动机去发展知识嵌入的方法呢？把知识嵌入工作中不仅耗时而且昂贵。因此，执行这个创意，始终不渝的激励是必要的。支撑伴侣健康护理中心动机的一个关键来源是研究表明医院存在大量的医疗事故和可避免的药物冲突事件。他们的机构在不知不觉中间接背离其医疗使命。这种困境激发了行动。其中，波士顿的布里格姆女子部的问题被观察和测量出来时，该医院的 CEO H. 理查德·内萨斯（H. Richard Nesson）坚持认为必须解决。伴侣健康护理中心首先着手于药物错误问题。因为这个领域的知识相对直接和简单,而且比较容易编程到订单进入系统。当医生对此的信赖增加后,伴侣健康护理中心的管理者再致力于比较困难和复杂的领域,例如病人护理协议(patient care protocols)。

可信及时的知识库建立。当组织的知识被嵌入到关键的过程中去时,要确保高质量和准确无误。如果伴侣健康护理中心把一些怪异的、陈旧的、未经测试的知识嵌入到医疗过程中,会给病人和其本身增加风险。组织成立了几个委员会,加强现存委员会的力量来识别、提炼和更新各个领域的知识。系统的药物治疗建议来自于药物治疗委员会(drug therapy committees)。特定疾病的护理协议由专家组设计制定。放射线应用委员会(radiology utilization committees)着手于发展引导放射线测试订单的任务,临床服务线(如心脏病学)主管也参与进来,把他们特殊领域的知识嵌入系统。能够参与到这些协会是被看成有声望的,所以医生即使很忙也愿意利用额外的时间贡献他们在该领域的知识。最近,伴侣健康护理中心创立了新的保护组织(umbrella organization),检查贯穿组织的基础知识,而且使知识更加容易获取和便于管理。

确定优先实施的过程与知识领域。由于这些嵌入知识的过程困难而且昂贵,因此必须实施于真正关键的工作过程。在医院或其他知识密集型行业的组织中,有很多不同种类的

知识工作。组织应该重点关注于那些对组织完成使命有关键影响或是处于重要知识的瓶颈地带的工作角色。在伴侣健康护理中心，相对容易界定医疗过程是最关键的。然而决定哪些疾病领域或哪些医疗的子过程应该优先（比如说订购药物或者帮病人求助专家）并进行排序也非常重要。那些疾病种类繁多而且有多重选择护理协议的领域（例如肿瘤学）就更难纳入到知识系统中。伴侣健康护理中心的高层管理者仍然在试图界定哪些类型知识资源对于其提供服务的其他员工（如护士）是最有效的。

把最终决策权留给知识员工。对于那些高知识含量的员工，如医生，如果把这些人类专家的位置完全由决策系统替代会是一个错误。一旦医生相对于病人的角色被动摇，他们就会抵制或是抱怨系统。这是一些组织常犯的错误，例如在过去几十年，试图用医疗专家系统代替医生诊断的尝试。过分依赖计算机化的知识也会导致错误。伴侣健康护理中心使用的方法是让系统给医生提供建议，然后希望医生把自己固有的知识和系统的判断结合起来。在布里格姆女子部，在13000份医生所接受的订单中，平均每天会有386份由于计算机的建议而改变。当医药敏感或冲突警戒被告知时，1/3至1/2的订单根据系统的建议会被取消。医院的事件侦察系统每年发出多于3000次的警告。由于这些警告，72%的治疗被更改了。这些数据表明，人机互动的知识系统在伴侣健康护理中心已经起效。伴侣健康护理中心现在正努力降低系统的警告次数,在最需要的时候给出警告,这样医生也不会由于其较低的相关度而习惯性地忽视它们。

培育评估和改进型文化。为了证明知识嵌入系统需要努力和投入,并且评价系统的运行情况,组织从事这样的活动必须要有可测导向的组织文化的支持。回想伴侣健康护理中心最初的动机是由对于医疗错误的测量而激发的。订单进入系统中的跟踪机制(tracking mechanisms)可以探测到医生是否运用了嵌入的知识并改变了他们的医疗方案,这是知道其是否有效的唯一方法。由于伴侣健康护理中心是学术医疗中心,即使是最初级的临床医生也是研究员,因此具有一贯强烈的测量文化。然而,知识管理方法的发展需要更加强调对关键过程的测量,也使之成为可能。测量被看作是对重新设计的努力和不断发展的医疗过程的公正判别和进步见证。

让信息和IT人员各适其位。在运用任何知识技术解决商业问题的时候,容易把大多数好处归功于技术本身。然而,在伴侣健康护理中心的例子和其他我所见的例子中,这些进步以他们所雇用的员工为强大基础。当然,需要精通IT技术的组织,他们懂商业而且与关键领导和知识丰富的专业人员紧密接触。但是,仅仅这个作为"后台支持"的IT人员不可能成功地建立这种类型的系统。在伴侣健康护理中心,对于测量、病人记录和知识的管理同样需要精通信息管理的

员工。在健康护理领域,这个学科被称作"医疗情报学"(medical informatics)。伴侣健康护理中心也招聘了这个领域的先驱者。它具有几个医疗情报学部门,包括临床和质量分析,医疗成像,远距离医学和临床信息系统研发部门。每个部门的领导者都是医学博士(MDs)。不过,他们在计算机科学,统计和医疗情报学等相关领域也有很高的水平。

绩效支持

伴侣健康护理中心的实例以及把知识嵌入工作过程的思想,是知识管理观点的新形式。然而,不是组织学习观点的所有形式都是新的。举例说,在十年之前,学习和培训领域的先导者就开始注意到在工作执行之前进行的充分培训,对于工作绩效改进方面并不有效。特别是格罗瑞亚·盖瑞(Gloria Gery)1991 年在这个领域写的《电子绩效支持系统》(*Electronic Performance Support Systems*)一书。[7]他强调电子技术提供的即时学习(just-in-time learning)——与以伴侣健康护理中心为例的及时供应知识的观点惊人的相似。

盖瑞和他的合作伙伴所倡导的是正确的,可能在他们那个时代超前,而现在正作为"绩效支持"被熟知。他们坚信这个概念将会在未来几年里渗透到工业领域,而且将会改变组织工作和学习的方式。然而,不幸的是,很少有这些整合的工作和学习环境真正被实施。当然,绩效支持会有一些技术障碍,然而,更多的问题来自于诸如经济上的理由、缺少信任或赞助,以及持有传统思想培训者的抵制。然而,当绩效支持真正发展起来,就与知识管理中的把知识嵌入过程的思想非常相似。

特定角色入口(Role-specific Portal)

伴侣健康护理中心的例子和绩效支持技术说明,把知识嵌入到用户化的 IT 技术运用中去会显示出很强大的效果。然而,介于知识管理库和用户化的运用方法之间,还存在着另外一种把知识传递给知识员工的方法:特定角色入口。入口是基于网络的信息传递方法,在一点供应一定范围的信息和知识。特定角色入口,即用特殊角色或工作的需求来限制信息或知识的范围,比如知识库,它需要使用者搜索信息,但由于信息的范围受限制,所以这种搜索并不困难。

在角色特定入口,员工可获得的知识和信息可能是事务信息、文本信息、多媒体教育内容,然后联系到使用者创造的站点。通过电脑屏幕可以提供所有工作必需的信息和知识,除此之外没有其他,要不然,搜索会花费很多时间。并不是所有的入口信息必须是独特的,但是普遍最容易得到的信息应该是对工作特别有用。这种基于角色的方法运用的典范是英国电信(BT)。英国电信要努力关注的角色是"接触顾客"的员工或是"顾问",这个公司雇用了 15000 名员工来扮演这种角色。这是一个事务型知识工作过程的例子,对于这些员工,注意力较少地集中在产值的增加上(典型的由呼叫处理次数衡量),而较多地关注于通过相关的知识和信息提高顾客服务质量。英国电信在它的顾客联络中心执行特定

角色入口"BT 顾问空间"。英国电信的目标是当员工与顾客电话联络时,所有需要的信息和知识都可以及时获得。顾问空间的一个关键设计标准是创建一个界面或"入口"关注于传递顾问所需的信息和性能。而不是强迫顾问通过帮助文件、内部网点或文本寻找内容。实际上,目标是在与当前顾客的相互交流的环境中,把相关的信息自动传到计算机屏幕上(例如,伴侣健康护理中心订单输入系统的进一步发展)。

这个系统已经使得 7% 增量的顾客认为其顾问的建议有用和有见识(现在是 97%)。顾问对于他们所使用信息的信心也增强了 23%。呼叫处理次数也有所改善。英国电信的例子说明了当一个组织把它的精力和信息资源关注于一个特殊角色时,他一定能达到目的。

和伴侣健康护理中心一样,BT 把它的努力都集中在一个工作中,不可能立即变换每一种知识工作的角色。组织需要选择对于其完成使命关键的角色(例如伴侣健康护理中心的医生),或是最众多的和昂贵的工作角色(BT 的呼救中心)。

相机决策

管理时间的缺乏和阻碍决策支持系统增长的专门分析技术,在一定程度上与握有实现幻想的允诺的趋势相违背。在当代精简的组织机构,极少数的知识员工有时间去深入分析数据或学习复杂的决策支持系统(DSS)。许多组织不仅引进决策支持系统,而且开始让系统为他们作决策。相机决策系统就渗入到各种行业和应用中,至少在中层管理者以下代替了先前的人类决策。正如我上面所提到的,它们趋向于适合中等水平的技术和协作。运用这种方法,组织可以提高决策速度,同时减少对受过高等教育和价格昂贵的决策制定者的需求。这不是一个新的理念,早在20世纪80年代就在飞机航线中用于自动价格决策的"效益管理"系统,就是这种思想的最早体现,但是这个思想的运用很快发展开来。有时候被称为"线内"(in-line)或"嵌入"决策支持,这个概念可以被描述为决策支持和人工智能的交叉点,或者是"工业化"的决策支持。

继效益管理系统的成功之后,相机决策普遍深入到金融服务行业,至今还是非常普遍。日益增多的金融服务信息在网上很容易获取,使得在遇到问题时,整合和分析信息变得可能。在投资银行,这些系统和网上的信息随着资产、现金和其他金融资产的贸易项目的增加而发展。对于大多数顾客来说,相机决策系统最主要的影响是在信用批准领域。信用得分(credit scores),比如 FICO 得分(Fair Isaac Corporation),用来向个人提供或拒绝用于抵押、信用卡、通讯账目的保险和其他形式的负债的信用。尽管基于 FICO 的信用评价因为过于简单而遭到批评,然而,它当然使过程变得更加有效,而且使非常急迫的信用决策变得可能。房屋价格信息在互联网上也越来越容易获得,让网上抵押和住房净贷款变得更加现实。

举个例子,作为借贷双方抵押和其他借贷活动的交易场

所,全美最大的信贷交易中心 Lending Tree 公司运用相机决策系统技术来决定哪个贷方更适合为消费者提供抵押贷款。运用 17 种不同的标准,基于银行关闭一个信贷的可能性,其中四个银行被选中。然后,这四个银行可以运用他们自己的相机决策技术或是 Lending Tree 公司提供的软件来迅速决定(在五分钟之内)是否为顾客提供抵押贷款以及相应的利率和期限。Lending Tree 公司保证所有的信息在一个工作日内提供给顾客,但事实上通常几分钟内就能到达。不仅在过程上比传统的由抵押经纪人操作得更加高效,而且 Lending Tree 公司也发现,当提供信贷及时迅速时,比平常多10%的顾客更加倾向于接受。

在金融服务业中,相机决策被运用于多种业务,而不仅仅是信用决策。比如,城市银行公司把这个系统运用于信用账户的自动争议处理。抵押银行把相机系统运用于计算非标准的信贷期。举例说,学校教师所获得的贷款必须在他离校年份之前偿还。大多数有规模的保险公司把这个技术运用于签订大多数的生命保险政策,而且其中一些公司也开始尝试把此技术运用到小业务的保险。其他的公司也开始运用于管理投资组合部门。IBM 信用部门利用相机系统来估算整个信用部门的风险。

在顾客存款和征收决策制定方面,一些公司——在电信行业更为显著——开始尝试把相机决策的运用突破二元决策。个人是否应该增加存款,或者欠账的顾客是否被取消进一步的服务,并不仅仅是决策。比如说,在更复杂的决策原则下,一个电话公司需要决策持有可疑账户的顾客是否可以在非常规信用项目下提前消费。同样的,对于只错过一次支付,而其他信用状况良好的顾客和一直以来就征收困难的顾客需要区别对待。

现在,相机决策系统已经广泛渗入到其他行业的不同领域。美国大西洋中部地区的公共事业公司成功避免了2003年夏季的电力中断,它们声明能够通过相机决策系统避开问题。一个工业设备制造商正运用该系统来决定各种不同设备合同的税务以及计算用于维护的服务费用。在保险业,相机决策系统用来处理索赔和承兑保单。在医疗护理业,它被用于决定退还额度(reimbursement levels)。

在交通行业,效益管理一度对美国大型航空公司帮助很大,比如美国捷运公司,相机定价系统逐渐普遍(并不仅在大型运输的成本方面提供优势)。同样的工具现在用于旅店和租用汽车的定价。相机定价系统也在其他种类的产品和服务中得以运用,包括计算机和电子产品(比如戴尔电脑)、预定(在亚马逊)、新车促销提供(福特),甚至是公寓房出租。

通常,这些相机决策被运用于本身自动化的商业过程中,相机决策的"决策中枢"(decision engineers)或"业务规则引擎"(business rule engines)日益嵌入到业务流程管理(BPM)技术。这些技术影响着商业过程的整个工作流。一些研究者把这个过程称为"企业绩效商业智能应用系统"(smart BPM)。举例说,如果银行把技术运用于解决信用卡纠纷,那么不仅需要对从信用卡持有者到银行到商人以及相

反的过程进行管理,还要就向顾客支付的数额和时间作相机决策。

当然,这些系统和过程仍然包含一些人工评价,可以是所有决策或是对它们的取样。在很多情况下,特别困难的事件都是由人类专家代替相机系统,而且在创建相机决策系统和定义它的使用规则时,也需要人类专家的参与。然而,和系统本身所受的限制一样,也是时间和精力的限制使很少的人类专家能站在高于系统的视角看问题。毫无疑问,这将导致组织如何看待知识密集型活动的改变,以及分析师和中层经理人市场的改变。这样,随着相机决策系统更普遍地出现在公众面前,它会导致组织和社会的悄然变革。当然,也会有一定的风险:自动的贫乏的决策过程可以很快地使公司陷入困境,而且不到遭遇实质性损失的地步,管理者不容易意识到问题所在。

其他种类的知识工作软件

除了把知识嵌入到工作过程中,绩效支持、相机决策系统之外,还有其他试图增加知识员工绩效的 IT 应用程序,然而,它们的适用范围分别落入到一些特殊的种类,而不太可能对改善广泛种类的知识工作绩效都适用。

有一类是知识员工的特定角色软件。这些软件横跨几种不同的产业,支持特定的角色。比如说,呼叫中心的员工可以支配一系列的技术,尽管这些技术是通过别人选择和实施,而不是员工自己。这仅仅是低层次、以事务为导向工作的一个方面,在工作中没办法很好地判断到底使用何种工具。比如说,大部分的呼叫中心的代理商不能从他们办公室电脑中收发电子邮件或是上网。

呼叫中心的应用包括顾客关系管理软件、顾客通话脚本工具、解决顾客问题的专家工具以及获取顾客反馈的工具。这些应用的目的最通常是为了提高一个呼叫中心可以处理的通讯容量,还有的是为了提高为顾客提供服务的质量。有些企业希望做得更深一步并且通过强化语音交互和其他客户自助技术在呼叫中心完全放弃人力。

特定角色技术的另一个极端是用于制药、医学仪器、化学、化石、环境工程的科学工具。这些像电子实验室记录本(并不必然是笔记本电脑,而是用于获得试验结果的软件)和实验信息管理系统的工具好几年前就已经在应用了,但是这些具有很强的判断能力的员工都被赋予了很高的行动自由,他们可以决定是否使用这些技术,如何使用。如果一个科学家要使用纸质的实验记录本,这将是被允许的。收集的信息和知识被认为是科学家个人的财产,所以只要科学家具有生产力,信息收集的格式就不重要了。

然而,更近的是,企业开始强调所使用的工具应该保持最新。随着实验室文件变得合法以及实验室信息和知识对研发及日常过程更加重要,公司开始发现他们不能把所有实验室软件(laboratory application)的应用自主权留给专家。以马萨诸塞州的剑桥药物开发公司无限制药公司(Infinity Pharmaceuticals)为例,这家公司启动了新的方法用来进行化

学和基因筛选（genetic screening），它要求科学家必须使用电子实验笔记本，以便使他们的信息让公司中的其他人可以看懂。这些工具以及其他的科学分析应用软件一起被纳入到InfiNet知识平台中，而这个平台将用来为公司和其合作伙伴提供知识获取和知识共享的能力。在这类公司中，随着效率和知识共享的重要性增加，我们将会看到更多像这样的对现存问题解决方案的需求。

其他的技术更多是试验性质的，目前对于提高知识员工的工作绩效方面的作用并不十分明确。尽管如此，这些技术提供了知识员工掌握新的应用软件的机会。

社会网络软件（我将在第七章中详细介绍）是这种类型的一种。这个技术目的是加强组织内部或是组织之间的社会网络的功能。当然，这些工具提醒我们知识员工的绩效不仅仅是个人努力的结果：他们的创意和执行能力在很大程度上源于与他人合作。然而，对一个知识员工的绩效的测量很困难，自然更难对一个社会网络作总体评价。要对网络的生产力以及网络技术所带来的价值作评估，我们还有很长的路要走。

还有其他形式的"社件"（socialware）——能够支持社会关系的软件——被认为对未来的知识工作相当重要。研究机构对这类问题作了多年研究，包括寻找志趣相投的同伴的技术、使讨论和洽谈更实质化技术以及支持群体决策的技术。大部分这类的活动对自动化显示出很顽固的抵制，尽管偶尔有少数技术获得了广泛的关注和接受。

其中一个例子就是网络日志或"博客",一种用来记录个人感受让他人阅读的方式。博客的参与者坚持认为这项技术有很多潜在的商业应用前景(他们在自己的日志中讨论了这个问题)。[8] 但是我相信如果涉及知识员工的业绩,博客的商业应用前景还有待考证。首先,它的商业应用在很大程度上是基于假设的,在现阶段,它仅仅是个人用来表达自己随意感受的工具。其次,我从没听说过有任何一家组织开始测量博客的益处。博客的最大问题可能是它的写和读都需要花费时间。如果一种技术需要以浪费效率为代价,那么就不要鼓励它。我对于个人言论和公开出版的自由一向是支持的,但是我们不应当把这种现象和增强的知识员工绩效混合起来。一种对于博客潜在的好感来自于我的一个朋友,也是先前的同事比尔·艾夫斯(Bill Ives),他坚持认为他的日志,以及其他人的,确实为他提供了管理个人知识的工具。如果这种使用日志的特定方法得到推广,那代表着一种组织知识管理的新方法。

本章小结

组织需要为知识员工在使用新技术上寻找一个平衡点。他们需要测验和纠正新技术,从而探索其对于提高绩效有何潜在的帮助。但是如果这些技术被用于商业,我们得硬着头皮尽快接受一个观点。它们的价值何在?如何评价改进的绩效?利润与成本不仅仅在硬件和软件上,还包括学习、纠错、装置技术的时间上相符吗?最后,对知识员工技术的评

估需要细致考察这项技术与工作环境的适应情况。学习和使用新技术需要我们付出大量努力,而理解它们的价值和绩效收益更是如此。

这章讨论的所有技术都是在组织层面上的,是用来为组织过程和对象服务的。但是在个体的知识员工的层面上,还有另一类技术和绩效干预,这就是第六章中将要讨论的。

提升知识员工绩效的建议

➤ 改善知识工作的信息技术可以分为两类:组织层面的和个人层面的。

➤ 在"知识管理"的旗帜下,很多组织创建了知识库以便为知识员工在工作中提供帮助,但实际很少的员工有时间去浏览知识库并从中获取知识。

➤ 改进知识库的一个重要方法就是将知识嵌入到知识员工的工作过程中。这一点很难,但是如果做得好,其收益正如在一些健康护理过程中应用的那样,将十分可观。

➤ 绩效支持和特定角色入口是为知识员工减少搜索和浏览数量的方法。从而避免使他们承受过多的时间消耗压力。

➤ 随着合理结构化的决策过程日益自动化。在很多情况下,初级知识员工的工作可以由计算机替代,但是专家人才还是需要的。

➤ 为知识员工提供了许多种类的组织应用方法：包括社会网络软件和博客工具。这些应该是组织试验中的主题，但是还没有证明能够增加商业价值。

➤ 成功实施的一个尤其重要的因素是对知识员工使用技术的激励（比如对医疗错误的防范）。

思考

第六章　发展知识员工的
个人能力

在企业中,对于绩效改进的干预总是停留在组织或过程层次,但并不只是这些方法起作用。我们还可以改善组织中员工个人的能力。因为知识员工的绩效最终还是归结为知识员工个体的行为。如果我们能改善他们创建、获得、分享和运用知识的能力,我们也改善了他们工作的组织的整体过程绩效。

当然,我描述过的一些组织层面的措施也可以改善个人绩效。那么,再研究个人层面的知识员工绩效改进有什么意义呢?这有两方面的贡献。首先,绩效改善的关注点是知识员工作为一个个体,而不是团队的一员。一个让客服人员使用的客户关系管理(CRM)软件并没有达标,虽然这一部门的许多员工都使用它,而该系统并没有(至少很少)满足个体的需要。其次,个人导向的行动目标在于改善技能和能力,而不在于建设一个新的过程。单纯为知识员工提供新的硬件和软件,比如个人电子助理(a personal digital assistant)或电

121

话,是不够的,还要教会他们怎样运用这些设备以提高效率。

我意识到从个人层面上改善知识员工能力的价值,是从与内卡基—梅隆的软件工程研究所(SMI)的合作开始。微软工程学院以它的软件能力成熟度模型(CMM)闻名,即第三章所描述过的评价软件工程过程的工具。它用一整套软件开发的方法来评价公司或商业单元。但是能力成熟度模型的开发者瓦茨·S.汉弗莱(Watts S. Humphrey)具有另外一个关键的视角。他意识到对于大多数组织来说,通过CMM五级阶梯会花费太多的时间,所以他开始考虑怎样加速这个过程。他总结道,如果组织不仅在组织层面上,而且还在团队层面或个人层面开发能力,那么有可能得到更快的进步。

软件工程研究所提出了这个假设。在大约一年之内,公司纷纷引进了个人软件过程(PSP)和团队软件过程(TSP),这些相比较近十年来只是关注于组织层面的方法,完成了从最低程度到最高程度的软件开发成熟度的发展。[1]

知识员工需要哪些能力呢?

当然,个人软件过程(PSP)的课程并不是对所有的知识员工都适用的。有些个体能力是与特定过程需求相关的。比如说,PSP中,软件开发人员受到的训练以及考察的侧重点是他们估计、规划、测量、处理数据以及纠正错误的能力。相似的,一个顾问则应该更多地关注诸如访谈、表达、分析等能力。

但是,还有几乎对每类知识员工都要求的一般性技能,我们可以通过技能的改善受益。知识员工的共同工作是什么？当然，他们需要阅读、书写。我们的教育系统对这些技能进行了非常完美的训练。但是，还是有些异常勤奋的知识员工参加速读、商业写作之类的课程。毫无疑问，这些都是应该提倡的，但是对于为这些技能提供资源这个问题不必要在本书深入讨论。

知识员工同样花费大量的时间用来开会。当然，大部分组织在帮助他们的员工保持会议的高效率方面都做得不太好。仅有少数组织[比如富士施乐(Xerox)]开始在公司范围内关注保持高质量的会议。同样，有大量的资料和可供选择的教育项目来培训员工如何进行会议管理，这里我就不再啰唆了。[2]

然而，知识员工所接触的论文、电话会议、语音邮件等电子信息知识日益增加。这些项目相比读、写、会议等而言现代了很多，而且关于如何处理这些问题或者是该如何帮助他们处理这些问题的资料还很少。在这一章，为了更深一步理解这些问题，我将报告三方面的研究成果，其中两个(公司层面的和个人层面的研究项目)是由一组试图了解信息工作的企业完成的。另外，我将会对那些号称自己能够高效处理信息的员工进行采访，并把情况作更细节化的报导。

知识员工的个人信息和知识管理

在 2003 年，信息工作生产力委员会(IWPC)，一个技术和 IT 服务提供者，在个人信息和知识管理方面投资了一系列的研究项目(见"研究方法")。参与这个项目的公司和研

究人员意识到关于个人信息和知识员工的生产力产出方面的相关知识还不充分,并且认为这个课题——个人信息和知识管理——很快会变成商业上重大的课题。[3] 能证明这点的一个非常引人注目的原因是信息员工(那些使用技术并在工作中与信息打交道的员工,可以说是知识员工这个概念的一种延伸)比以往花费更大量的时间(根据数据记录,每天多于三小时)用来通讯、建立文件、寻找信息和知识以及其他一些与信息密集相关的行为。

尽管投入了大量的时间,信息员工仍被扔到了他们自己的设备上,也就是说他们从自己的公司得不到关于如何有效地处理关键信息和知识的帮助。那些用来处理个人信息知识的设备或是技术是相互分离的、未经整合的。迄今为止,我们的台式电脑、笔记本、固定电话、手机、掌上电脑(PDA)、手持通讯仪(handheld communicator),以及其他多种技术(不包括那些仍在使用的以书面形式存在工具)在很大程度上都没有被连接起来。同时,我们面临管理个人信息和知识的技术挑战,很少有员工接受了组织良好的教育和提醒关于怎样使用他们运用工具来提高工作的绩效。

研究方法

本章是基于个人信息和知识管理的三项研究展开的。两项在信息工作生产力委员会(IWPC)的支持下运行,IWPC是由技术公司组成的团体,用来进行包括理解、测量和提高信息工作生产率领域的研究和学术活动。2003 年 IWPC 成立,参与的大公司包括埃森哲(Accenture)、思科(Cisco Systems)、惠普(Hewlett-Packard)、英特尔、微软(Microsoft)、SAP 以及施乐。我是学术委员会主任,并且与多家公司代表有合作。第一项研究,我们采访了 21 位大公司经理以及两位对此有兴趣的政府官员。我们采访的经理是典型的知识管理者、新技术管理者以及为他们组织处理个人生产率工具的 IT 经理。

第二项研究工作是关于员工如何处理个人信息和知识的方式,样本超过 500 个美国的信息和技术的使用者。这些人自愿参与了一项网上调查。随后我们将样本减少到 439 个,这些人在工作中都使用电脑和电子邮件,花费一定时间用来处理与工作相关的信息,并且至少每周都使用电子邮件。

第三项研究工作包括对 10 个人长时间的访问,这些人据说是在个人信息和知识环境中高效率的管理者,他们的工作种类跨越许多行业。

然而,在组织中使用这些设备来处理个人化的、与工作相关的信息和知识的员工日益增加。不难相信随着技术、教育、管理水平的发展,组织中的信息员工所做的主要工作可以更快更好更低成本地被完成。技术信息与工作能紧密地整合起来,以至于处理好这些就能创造一个更加高效的组织。

信息管理者发现

　　信息管理者之间关于个人信息和知识管理定位具有很大的差异,很多企业已经将个人信息和知识管理看作一个非常值得关注的因素,很多企业正在朝这个方向努力,当然也有尚未意识到其重要性的。我猜测随着对个人信息及知识管理的接受会导致其他商业及管理上的革新。另外,对此的关注会变得更加广泛。但是,还有很多有待于向那些领先的组织学习。

图 6—1　个人信息和知识管理的公司定位

成熟	● 明确主动强调公司内的生产力 ● 在使用及行为上超越技术 ● 提供完整的方法支持
探索途中	● 主要依靠技术 ● 强调知识,但不能完全依靠知识 ● 关注其他方面
未起步	● 没有意识到这些问题 ● 很少的技术 ● 零散的支持

　　那些领先企业——知识密集型信息技术产业、制药业、金融服务业——都有一些显著特点显示它们都关注个人信息(图 6—1)。有些企业已经通过主动把生产率与技术应用

情况挂钩的方式来进行个人信息管理。比如思科公司已经
为它们的员工开展了一项名为"改变我们的工作方式"的尝
试,该尝试包括一系列推荐的技术、对该技术的培训以及一
系列有利于优化信息过程效率的行为建议。那些金融服务
企业正在从多方面尝试用技术改进个人生产效率(我在本书
的第三章阐述了他们所用的方法)。其他这类的企业也有类
似的尝试,对所有的雇员或是对其中的一部分。

英特尔是这一系列方法最早的接受者之一,它创造了由
知识管理、协作、个人生产力三个先前的独立部分组成的"电
子劳动力管理套件"。"电子劳动力"团队已经意识到这些技
术的更好运用是一个非常紧迫的问题,因为英特尔的员工大
部分野心勃勃且花费了大量的时间在这些技术上。63%的
英特尔员工加入了多于三个小组;62%的员工在日常工作中
需要与不同地区或不同领域的人合作;40%的员工经常需要
与那些不同技术背景的人合作;多于一半的人需要与那些工
作过程不同的人合作。员工们每周参加 8300 个网上协作会
议,大约 19000 个语音会议。团队为知识员工个人电脑、笔
记本、手机以及掌上电脑的运用提供支持,并且发展"一般"
知识员工工作过程的整体解决方法,类似安排和主持一个异
步的会议或是管理一个项目的工作。总结起来,"电子劳动
力"第一阶段的成果包括一个稳固的协作平台、一个标准的
项目管理平台、下一代会议管理、第一代考勤管理(图形化显
示的考勤和结果)、即时通讯。在这个阶段,英特尔致力于一
般性过程的开发以及协作与团体工作最著名的方法的使用。

那些处于领先地位的企业充分利用现有的技术，比如即时通讯、掌上电脑、手持通话仪以及共享文件库。然而，他们不仅关注技术，更重视技术的使用以及技术成败背后的人为因素。这些公司都在尝试改变用户的使用习惯和特定的文化，比如诺华（Novartis）的研究小组的信息和知识管理组织创造了"知识文化的全球领袖"（global head of knowledge culture）。另一些公司使用技术本身来领导行为变化。这些公司（如英特尔）中，个人用户的支持小组不是按照其技术种类的不同而进行专业化的分工，而是作为一个团队整体来从事工作。

我们采访的其他企业面临个人信息及知识的挑战时，虽然它们对此已经作了准备，但并没有作出适当的全盘反应。我称它们正处于个人信息管理的"探索途中"。和那些处于领先地位的企业相比，它们虽然也使用现有的技术，但是对使用情况监督和管理不够。他们强烈地倾向于将技术产品作为一种处理个人信息的手段（"我们的主要产品正从 Lotus Notes 转变为 Microsoft Outlook"），却很少关注那些工具的运用。总体而言，个人信息的运用并没有一个整体的支持团队，但在有些情况下，团队支持正在跨相关部门显现。部分主流的技术和商业刊物在有些情况下似乎正在阻碍对个体生产率的关注，但是在一个更宽泛的层面上，个体生产率在企业中的关注程度正在提高。

第三个部分的企业可能对话题比较感兴趣（要不然，它们可能不会花时间参与到访问中），举例说，其中的一些公司仅仅对诸如经济生存等其他方面感兴趣。但没有一个组织真正认真地认识到个体生产率的重要性，并且没有把它真正看作一个公司的要素。他们没有一个正式的部门来支持基本的知识管理和个体化信息运用，仅仅根据不同的技术类别对使用者提供非常零散和分散的支持。支持内容也仅仅限于提供产品细节，而很少提供相关培训和教育。这些企业几乎不使用现有的技术来处理个人信息和知识，甚至不鼓励相关技术的使用，比如说有些企业禁止即时通讯，有些企业很抱歉地说："我们知道，应当在这一领域下更多的功夫，但是我们还有很多其他的事情要做。"或者其他一些类似的说法。

测量和提高个人绩效

早期的对个体层面的关注不只是技术方面，还包括对生产率的重视。尽管经济动机显然存在，但还缺少一些必需的生产工具及方法。我们调查的很多企业，甚至是成功的企业，都面临利润低、削减从事重复工作的职员等问题。大部分企业的目标是增强知识员工的生产力，而技术和通讯工具被视作达到这个目的的手段。

然而，有些公司抱怨没有一个合适的方法来测量个人层面上的生产率。有些管理者认为用节省的时间量来估计生产率在他们的组织已经不再可信（比如通过使用一种新的工具，每个知识员工每天节省 13 分钟）。一般认为个体的生产率是为了追求利润的提高，而对那些不是领先地位的企业而言，这些投资不足以与其他类似的花费相提并论。

　　有些公司运用强大的"自我服务"方法来完成一些职能工作,但是有一些受访者质疑,该策略是否仅把工作转移到难以测度其影响的点上。比如说,一个公司开始要求他的员工交换他们所有的个人资源(选择利益提供者,交换地址,检查假期安排的合理性等等),由人力资源功能所降低的成本的很容易测量,但是这又如何影响员工的生产率呢? 这个问题需要在细节上进一步研究,以确定它是否真正对公司的绩效有帮助。

　　为了使企业更方便地开始改善个人信息及知识管理,他们必须改变使用者的行为。甚至在那些处于领先地位的企业之间,对如何正确实现这种改变也存在很大差别。比如说,微软的行为改变法是通过其在市场上出售的软件来试图普遍引导所需要的行为。举例说,知识员工之间合作的各个方面,可以通过微软的 SharePoint 合作软件来处理。如果需要更多的人为干预,有些微软人会将其视作软件设计的一个失误。然而英特尔的"电子劳动力小组"采用的则是一种基于顾客化工具、过程咨询和工作援助的方法。思科则将主要精力集中在培训上,它们将培训看作是一种创造行为改变的工具。很难过早地断定这些不同方法各有什么内涵,也很难说到底哪一种在改变使用者行为上是"最佳实践"。这些处于领先地位的企业的方法更多的是由公司文化和服务群体的经验驱动的,而不是对实际工作经验主义的分析。

　　如何划分信息和知识员工的种类以确定其不同待遇,在这个问题上很难达成一致。然而大多数处于领先地位的企业都认识到它们不可以用一样的方式去对待所有的信息和知识员工,并且它们已经着手建立分类方法。在第二章我提到了英特尔的分类方法。至少有另外三家组织已经将角色作为明确或隐含的分类标准——识别特定角色和工作,那些角色有足够多的数量或足够重要从而证明花大精力设计角色周围的信息和知识环境是必要的。其他一些组织,包括信息储存行业的领导者美国易安信(EMC)和工程与环境咨询公司(MWH Global),正在公司的内部创造一种分类方法,从而可以在一定精度范围内进行基于特定角色的信息和知识传递。富士施乐(Xerox)所使用的第三种方法是发展或再识别实践团队,以及支持这些团队的信息和知识环境的创建。在行为的改变过程中,分类也仅处于萌芽阶段,很难分清哪种方法最有效。

总的来说,对信息管理者的调查确认了至少对有些组织而言,个人信息和知识管理的问题和机会是切实存在的,并且绝对值得管理者重视。对那些研究和出售技术的企业,以及那些个人信息管理和知识对企业的成败至关重要的产业而言,他们相信这个观点,并且开始采取一些活动。其他企业,或是在朝这个方向努力,或者什么都没有做。不管在这方面走到了什么样的程度,几乎所有的企业都遭遇到生产率测量、行为改变及使用者分类等问题。

信息使用者发现

正如信息管理者的调查显示的企业之间在他们个人信

息和知识管理的方法上有着相当大的差别那样,我们的关于信息使用者的网上调查同样揭示了这些方面存在的显著差别。这一调查的目的是寻找那些信息技术的典型使用者在工作中的行为及态度,特别关注于通讯和信息共享技术。正如前文提到的,受采访的人平均每天在这些活动上花费超过三个小时,并且这个数字还将日益增加,显然,这些活动对于个人或是企业都非常重要。

毫无疑问,有些人,问卷中每个问题大概有20%的受访者发现了一个有关个人信息和知识管理的实质性问题。这部分人感觉被过多的信息流所淹没,他们认为,在公司中有太多的电子邮件的运用,这些电子邮件和其他技术工具不仅没有提高生产率,反而一定程度上起阻碍作用。剩下的80%的人尽管面对不同的信息接收量和媒介的使用,没有发现任何实质性的问题。总的来说,很少有受访者会放弃通讯技术,但是却有些人对此感到灰心。

我们调查的受访者关于信息和技术的使用量的结果相当惊人。根据调查,平均每个人:

1. 3小时14分钟的时间用于处理与工作相关的信息——略高于一天8小时工作量的40%(图6—2显示了各部分时间所占的比重)

图 6—2　不同媒介在信息处理中所占的时间比重

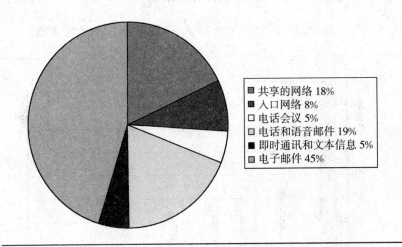

- 共享的网络 18%
- 入口网络 8%
- 电话会议 5%
- 电话和语音邮件 19%
- 即时通讯和文本信息 5%
- 电子邮件 45%

2. 1.58 小时用于处理电子邮件(占信息处理工作时间的 45%,全天 8 小时工作时间的 20%)

3. 47 分钟用于电话、电话会议、语音邮件等,相当于信息处理时间的 24%

4. 每天收 44 封邮件(甚至有 4 个人回答他们每天收到大约 500 封邮件)

5. 每天发送 17 封邮件

6. 拥有的电子邮件账户多于 3 个

7. 每天收到 16 条即时通讯或文本信息(仅对使用这一技术的人)

8. 接听 18 个电话,拨打 15 个电话,收听 7.6 条语音留言

9. 每周参加 2.75 个电话会议(如果有的话)

受访者对不同的通讯和信息共享工具的选择差别很大。图 6—3 显示了不同媒介的使用频率。

图 6—3　每周使用不同媒介的人所占比例（总人数 439）

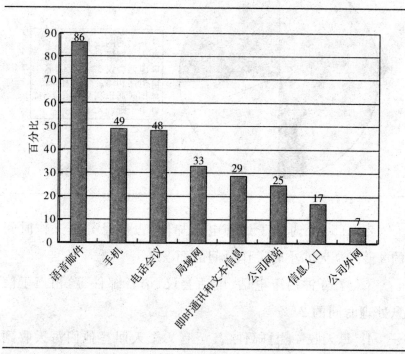

使用者对个人的信息流以及各种媒介的态度揭示了更深层次的问题。17％的受访者觉得被过多的信息管理或信息流所淹没，但这在很大程度上是一个态度问题，而不是信息量太大的问题。在进一步的测试中显示，这一组人每天所接受的电子邮件以及所处理的与工作相关的信息并没有比平均水平高。不管怎么说，他们在处理信息中感到效率低下，觉得电子邮件用处不大，而且他们不认为能从公司获得关于信息处理的帮助。49％的人觉得能处理好大量的信息流，这一数字略低于总人数的一半。

尽管他们抱怨个人信息管理，但是调查结果揭示了加里森—凯勒的"乌比冈湖效应"（Garrison Keillor's "Lake Wobegonn effect"），即很多人认为自己比平均水平高。41％的受访者认为他们在个人信息处理上要比其他人更有效率，而仅有11％的人认为他们效率比较低。这一结果不仅仅说明使用者的自信，也说明我们如何处理信息的环境不可视。我们不知道其他人是怎么做的。

对于那些没有个人信息管理意识的人，我们在调查中提出了一个开放式的问题。我们问那些受访者在他们的个人信息环境中想要改变什么，并对答案作了分类。最普遍的回答是"没有"，占16％；"不知道"的占13％。在那些有实质内容的答案中，11％的人选择减少垃圾邮件和广告，7.5％的人希望减少电子邮件的数量。其他的回答不着边际，这里不再特别说明。还有大量非正式的回答表明大多数人从没有考虑过这个问题，他们可能在自己的个人信息环境中投资不足，对于这点，其他的研究中已经表明。[4]

在调查中也询问了受访者的公司到底在多大程度上帮助他们管理个人信息流。41％的人回答很少甚至是没有；仅有3％的人觉得他们的公司很好地解决了个人信息管理的问题。这个结果更使我确信，在这个问题的处理上，绝大部分的公司还有很长的一段路要走。然而，个人可能会感觉他们已经尽力了，由于没有从公司得到应有的帮助，在缺少直接

或反面迹象的情况下,他们会认为他们做得已经很好了。

对待特定媒介和技术的态度

电子邮件在学习中是最常用的媒介之一,但同时也是受到质疑最多的。在我们的调查中,26%的人觉得电子邮件在他们的公司中被滥用了,10%的人觉得没有得到充分利用,64%的人则相信它在被合理利用。在个人层面上说,21%的人觉得被大量的电子邮件压得喘不过气来,41%的人觉得在他们的工作中电子邮件不可或缺,仅有 4%的人觉得没有什么价值。尽管 15%的人觉得电子邮件限制了他们的工作效率,但还是有 53%的人觉得对他们的工作效率有帮助。综合来说,对于电子邮件,使用者的反馈是积极的,但是受推崇的程度要比其他一些通讯和信息共享工具要低。大约有 20%的人反映了电子邮件的一个非常关键的问题,即电子邮件是否在管理中提供效率,或者电子邮件的负面影响是否比较大。

调查中涉及了电话,包括真正的电话,还有语音邮件、电话会议等。表面上看来其负面作用比电子邮件小,支持者也比电子邮件要多。仅仅有 12%的人(相比较电子邮件的 21%)觉得电话的数量多得难以承受。将近一半(49%)的人觉得电话信息在他们的工作中非常重要,这个数字要比电子邮件高出 8 个百分点。受访者评估了电话对他们的工作效率的影响,15%的人觉得起了阻碍作用,而有 50%的人认为电话对工作效率有促进作用。14%的人认为语音邮件降低了他们的工作效率,而 40％ 的人认为其有促进作用(相比电话要低了 10 个百分点)。仅仅只有 4％ 的人觉得参与的电话会议过多,但有意思的是,觉得电话会议有用的人所占的比例也相当低,仅有 35％。

在这次调查中即时通讯(IM)显然是一项新技术,所以其价值没有被普遍察觉。在受调查的人中,56％ 的人没有在组织中使用过即时通讯,29％ 的人觉得即时通讯工具和文本信息对于工作绩效非常有用——这显然要比电子邮件或是电话等技术低了很多。觉得它妨碍工作效率的人所占的比例相应的也比其他要高,达到了 18％;同时,35％ 的人觉得它促进了工作效率,这一数字又低于其他技术。

或许,最流行的技术是那些仅在需要信息时可以获取,而不是被动接受的,比如公司网站、信息入口、文件共享系统。使用这些技术的人反映对其不堪重负的仅有 4％,认为其降低效率的只有 4％,而反映其有价值的比例则相当高(公司网站 47％,文件共享系统 64％),认为提高了工作效率的也占了很大的比重(分别有 50％ 和 67％ 的人认为公司网站和文件共享系统有促进作用,而认为阻碍的仅有 4％ 和 3％)。在众多被调查的技术中,文件共享系统获得了最多的正面反应。随着企业中信息量的持续增加,这些技术势必会越来越流行。

管理信息策略

调查还包括询问信息使用者如何处理他们收到的大量

不同种类的信息。多数人回答是通过特定方法来减少和控制他们的个人信息。具体方法因技术的不同而不同。比如说,那些处理电子邮件信息人员的回答如图6—4所示。

图6—4　典型电子邮件使用者(N＝439)管理策略(百分比)

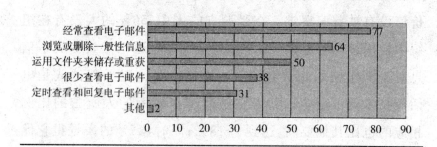

图6—5　即时/文本信息的重度使用者的(N＝439)管理策略(百分比)

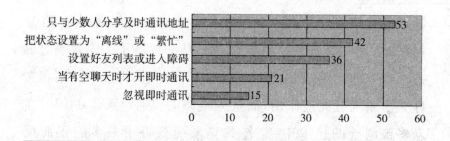

　　相似的,图6—5表示了那些经常使用即时通讯工具的人的处理信息的策略。

　　最流行的管理语音邮件的方式是:

➤ 61％的人选择即时回复

➢ 59％的人频繁地查看语音邮件

➢ 40％的人迅速跳过那些无趣的信息

最流行的管理入口或公司网站信息的方式是：

➢ 58％的人选择按一定方式回顾

➢ 55％的人预定关键页面并收藏快捷方式

➢ 46％的人随机浏览以获取他们需要的信息

最流行的管理文档共享的文档和网络信息的方式如下：

➢ 57％以一定的方式回顾和更新文件

➢ 54％预定关键页面并保存文件夹

➢ 38％在收到提醒时去查看网页或文件

很清楚地可以看到，大部分人都不是被动地应对超负荷的信息，而是积极地减少他们收到的信息，并进行有序地组织，然后把信息处理工作整合到日常工作的环境中。这些并不是对先进技术或是信息的偏爱而简单地运用技术，而是为了提醒人们避免被过多的信息所压垮。

群体差异

研究发现，人口统计学群体（demographic groups）之间存在一些比较有意思的差异。[5] 在有些情况下，这些差异可以用其他因素解释（比如年轻员工和年长员工的差异可以由他们所从事的不同类型的工作来解释）。

在我们的调查中，男性和女性在处理信息和使用技术时也存在区别。比如说，女性每天用在处理信息上的时间要比

男性多 26 分钟。而男性更像一个"信息抢劫者",他们拥有能够接收电子邮件的手机的比例要比女性高出 9 个百分点,相信软件工具能避免信息超负荷的男性要比女性多出 7 个百分点(男性一般更喜欢工具)。

有一种可能就是年轻人会更喜欢依靠技术来进行交流,从而使他们在各自的信息圈子里始终走在最前面。但事实上并不是这样的。比如说,45～54 岁之间的人每天要比其他年龄段的人多收到 10 封邮件。即时通讯通常被认为是年轻人的专利,但事实上在 35～44 岁阶段它的使用量随着年龄的增加而增长,然后在 45～64 岁阶段骤然下降。还有和预期相背离的是,35 岁或超过 35 岁的人更容易控制信息管理和海量的信息流(比其他年龄段多 14%)。

然而,还有一些陈词滥调被广泛地接受。比如说那些 35 岁以下的人更倾向于(多于其他年龄层的 7%)拥有能够接收电子邮件的手机,35 岁以下的年轻人更多(多于其他年龄层的 13%)认为自己比 35 岁或 35 岁以上的人在处理信息上效率更高,也就是说年轻人比较自信。35 岁以下的受访者更喜欢用软件来过滤那些他们不需要的邮件。而 35 岁以上的群体对技术相对不太敏感,但是区别能力却更强,他们很容易就能删除或是忽略那些不重要的信息,然后简洁而有效地对该注意的信息作出处理。

受访者在公司中代表了三个层次:高级经理人、中层管理者、个体贡献者。商业性质决定了高级经理人主要是面对面地交流,而初级员工更多地通过一些电子通讯设备进行交流。出乎意料的是，高级经理人使用电子通信技术最多。比如说，高级经理人比中层管理者或是个体贡献者收到的电子邮件多两倍以上，发出的邮件也更多（总体而言，这个分析结果在所有的群体中并不具有统计上的显著性，只是高级经理人相对其他群体而言）。更出乎意料的是，处于管理层的员工接收和发送的即时信息是个体贡献者的两倍多。中层管理者和高级经理人中拥有能够接收邮件的手机的人数要比其他群体分别高出 11％ 和 7％。高级经理人相对中层管理者而言，更容易感觉到对信息的控制自如（超出中层管理者20％），而对信息感到不堪重负的要低 7％。很明显高级经理人大量地使用和控制信息并不是因为他们从组织中得到高水平的协助。比中层管理者和个体贡献者分别高出 7％ 和 5％ 的高级经理人认为他们的组织在信息管理上提供很少的帮助。他们感觉他们需要更多的帮助，但是并没有得到它。

最后，我们询问受访者他们是否参与一般管理或公司管理，处于 MIS 或 IT 职能部门，或者其他类型部门。在这几个部门之间有着相当显著的区别。一般公司管理和公司 MIS 或 IT 部门的员工比其他部门的员工更频繁地使用电子邮件，同时也收发更多的电子邮件。具有讽刺意味的是，公司 MIS 或 IT 部门的员工不太相信他们提供的价值，超出高层或者公司管理者 20％ 的该部门员工，相信电子邮件被过分使用了。然而，MIS 或 IT 部门的员工相信即时通讯被合理利用的要比高层管理者和其他部门的人分别高出 12％ 和 10％（他们更倾向于认为语音邮件正被合理使用）。但是，类似于

高级管理者,比 MIS 员工和其他部门的员工分别多出 22％和 15％的一般管理者感觉他们可以控制自己的信息流。

我们最后分析的一个群体不是基于人口统计而是基于他们对信息的使用。通讯技术的"重度使用者"被定义为那些至少每周使用四种通讯媒介的人。我猜测这群人会成为未来的领导者。受调查人中超过三分之一（34％）是属于这个群体的。毫无疑问这个群体在他们的工作过程中大量地使用信息。这些使用者中,有 21％的人不倾向于花费两个小时或更少的时间来处理信息,一般都花费 2.5～8 个小时。但是他们也不觉得某一种技术不可或缺。这群人中比其他群体多于 13％的人倾向于认为电子邮件被滥用了,比其他群体少 7％的人倾向于认为电子邮件正被恰当使用。在一定程度上,他们对于电子邮件和工作效率持两极分化的态度。比其他群体多 9％的人倾向于认为电子邮件阻碍工作效率,多 5％的人倾向于认为电子邮件提高工作效率,另外有比其他群体少 14％的人倾向于认为电子邮件对工作效率没有任何影响。简而言之,大量使用技术的人似乎很看重技术对自己工作和组织的价值。这揭示了一个重要性与日俱增的问题。

精通个人信息与知识管理的个人

为了掌握这个问题,我和另一位来自美国红十字会的研究员戴维·克拉克合作,向十个声称自己能够很好地处理个人信息环境的员工作了调查。这个样本的数量看来似乎不够,但是我相信这个群体本身的范围就很小。在我的讲座中,我经常要求那些自认为能够很好地进行个人信息管理的听众举手,但是仅有不到1%的人认为自己做到了,即便是在那些公司的信息和知识管理者中。

当然,就像我在上文提到的,我们不了解其他员工怎样处理他们的信息,因此人们实际上应该比他们所认为的做得要好。尽管受调查的十个人还是很谦虚地看待他们处理信息的效率,但他们都提到其他人会向他们询问一些显而易见的信息查询问题或者是处理信息方面的技术问题。这十个人来自不同的职业领域:包括私立学校的筹款者、汽车公司的董事长、资本投资者、大公司的研究员或顾问、独立顾问、非赢利机构的技术主管、非赢利研究机构的管理者、知识管理者、编辑、教授各一人。

这些精明的个体信息管理者彼此都不相像,但是他们还是存在共性。这些共同点归纳如下:

> 他们避免使用新玩意儿。在我们的调查中,那位技术主管比较喜欢尝试新工具(包括黑莓和笔记本电脑),因为这是他工作的一部分,但如果这些工具不能有效地工作,他将很快淘汰它们。而剩下的那些人一旦找到几种关键的工具(硬件和软件),就一直使用它们。在我们的调查样本中,有对夫妻习惯使用掌上电脑,有个人几乎每件事都是通过 Lotus Notes 来完成的,还有些人是 Outlook 的重度使用者。但是他们在使用新技术上都显得很保守。这群人使用的工具大部分都很普通,尽管那个资本投资者是"the Brain"这款

143

软件的坚决拥护者，而那对夫妻对使用新工具来搜索个人文件非常在行。

➢ 他们限定分离型设备的数量。在我们的调查中，有人习惯在他的笔记本电脑上做所有事情，并且已经放弃了好几台台式机；另外还有人喜欢用一个集成了手机功能的掌上电脑(cell phone/PDA combination)，因为这样可以少用一样。

➢ 他们在组织信息上花费大量的精力。在我们的调查中，资本投资者每周末都要在办公室花两个小时对所要做的事情列一个清单，并组织信息。他需要参加一大堆电话会议，因此需要用这种方式来组织文件和文件夹。

➢ 他们不是传教士。如果人们向他们寻求帮助，他们会乐于提供帮助，但是大多数情况下，他们觉得不太可能对别人的技术提供全面的建议。但调查样本中也有个例外，有人经常建议改善办公室中的一些信息处理方法。他承认有些人觉得这很烦人，特别是他的上司更是这么认为，他的上司告诉我们这个人是在浪费时间。没过多久，他就辞职了。

➢ 他们接受帮助。他们不参加一大堆的课程，但是参阅帮助文件,同时也向别人寻求帮助。一些人通过查找网络得到了十条指示,有的人向数据库经理请教关于公司的关键数据库的结构问题,这样的话他就可以轻易地进入数据库以获取信息。

➤ 他们在一定程度上使用助手。我调查的大多数人在工作中都有一个在一定程度上能够辅助他们的人——我们习惯称之为秘书。这些人依靠他们的助手来进行日程安排、确定开会时间、旅程安排、解决一些沟通问题。不过他们还是很少将所有信息处理的问题都交给助手来完成。比如说,在这群人中尽管有些人会让他们的助手处理一些语音邮件,但是没人会让他们的助手来阅读或回复电子邮件。可能电子邮件太私人化了,以至于不能交任何其他人来处理,也可能是我们调查对象的能力特性(我认为,在这群人中是普遍的)使他们倾向于自己处理所有这种类型的工作。还有可能是因为在很多公司中,管理支持水平的下降使得他们不可能将所有事都让助手来完成。无论何种情况,助手在有效处理信息的问题上都比较重要,但是在我的小样本调查中,这个重要性在降低。

➤ 他们在纸质工具和电子化方法中没有教条主义。尽管有些人说他们在信息处理中减少纸的使用量,但没有人完全电子化。有几个人说他们仍然使用纸制的

日历，或是把电子日历打印出来以方便携带。

➤ 他们对那些最重要的信息进行界定和特别地组织。教授自己写的每一本书都有网上文件夹，而且有一个特定的程序用来对引文进行统计和组织。资本投资者利用 Excel 来归纳他参与的那些公司的财务状况。董事长将其在董事会前想到的每一个问题都记在一个笔记本里。

➤ 他们使用清单。大部分人都不会对此盲从，但是所有人都同意清单会有一定的帮助，就像戴维·艾伦（David Allen）在他的一系列书和会议中所提到的那样。[6] 这些人将约会、要做的事情、合同、要读的书等记录在清单中。有些人使用电子清单，有些人则用纸制的清单，还有个人将特别重要的事情写在手背上。他说："自从我有了掌上电脑，我就很少在手臂上记事了。"

➤ 他们在特定时间和工作环境中使用特定的工具和方法。比如说一家咨询公司的研究人员总是觉得使用即时通讯工具是在浪费时间和精力。她的主要工作是管理研究工作以及撰写研究报告，即便在即时通讯工具成为公司相当重要的一方面之后，她还是拒绝使用。然而，在她到布拉格工作的那段为期六个月的时间里，她与其他几位咨询人员合作一个项目，需要密切合作和相对少的自我专注，于是，她开始频繁地使用即时通讯工具。她觉得那非常有用，不仅仅是用来和其他同事合作，而且能使他们觉得她就在身边（尽管在地理上很远）。每当她觉得即时通讯工具中的某件事情比较重要，或是她没办法及时回复一个邀请时，她就会将信息中的内容拷贝一份然后发到自己的邮箱上。现在她从布拉格回来了，并且已经从那个项目中退了出来，她也就很少使用即时通讯了，当她需要写报告或是构思一个研究课题的时候，都会从即时通讯中退出来。而且，在那段时间，她也很少去看邮件，即使她的这种行为与公司的潜规则相抵触。

根据公司和个人调查的数据，正如我在本章开头提到的，大部分人没有从他们所在的组织获得足够的帮助。没有一家公司或组织对个人信息处理给予全面的重视。也没有一家公司对个人信息和知识管理进行全面投资以使它的员工在这方面更加高效。尽管在这方面提供帮助的培训师，但是在这次调查中，没有人受到过这种培训。对大部分人而言，他们是自己意识到这些的。[7]

本章小结

我相信个人信息和知识管理领域必将平稳地起飞。企业和个人员工将开始关注它，新技术逐渐被引入和应用，改善个人工作效率的商业行为也越来越明显。

但是这显然是一个过渡领域，因为它在意识和行为上都

处在相当大的变化中。一些企业和个人正在这方面有所考虑并付出了行动。还有些企业主动改进其员工管理信息和知识的方式。有相当部分的员工关心技术和信息对他们个人工作效率的帮助作用，并且在切实改善他们管理个人信息的方式，从而使自己能从海量的信息中解脱出来。

第二类群体意识到了这样的问题，但是他们没有采取特定的行动。这个可能仅仅是出于习惯，他们迟早会克服惯性并对这个问题作出反应。在企业或组织的层面上，这意味着不仅关注技术，还要关注个人信息管理，并且强调正确的使用方法。这还意味着整合先前的各种方法来支持个人层面上的技术和信息管理。在个人层面上，这意味着需要投入时间和精力来处理个人的信息环境，并在公司内外寻求帮助。

第三类的组织和个人显然没有注意到这个问题。这些企业和政府部门以及他们的个人员工还没有注意到个人信息和知识管理这个问题，所以在一段时间内，他们也不可能会对这个问题作出任何反应。这些组织中有很多人对这个问题漠不关心，因此也不会施加给公司任何压力。可能当顾问、卖主以及作家提出这是个问题后，这些组织才可能意识到这些工作有待改进。

当然，改善信息和知识管理的个人化方法仅仅是提高知识员工绩效的一个方面，就好比这仅仅是整本书的一章。如果我们盲目地接受个人信息管理的技术和方法，而不去关注可能改善知识员工效率的其他方面（如这本书在其他章中所描述的），那我们就错了。其中一种方法是构建社会网络（social networking),这个我将在第七章提到。

提升知识员工绩效的建议

➤ 大多数改善知识员工绩效的干预都停留在组织或者
过程层面,但有时候,对知识员工个人能力的改善在
很大程度上促进了组织层面的改进。

➤ 知识员工能力中最重要的,也很少得到重视的,就是
对个人信息和知识环境的管理。

➤ 一些公司已经不再单纯地提供知识管理的工具和技
术,而开始关注个人信息和知识环境的管理。他们运
用全局方法,关注个人层面上的绩效,提供类似培训
或教育的干预,从而提高知识员工的效率。

➤ 大多数知识员工对管理电子信息有一定的方法,但不
是十分精通,还有很大的改进空间。

➤ 少数自信个人信息和知识环境管理有效的员工拥有
更多精明的策略:包括减少运用设备的数量,精通一
种组织软件,以及把大量的时间投入到组织和管理信
息流。

第七章　投资知识员工的网络与学习

在提高知识员工绩效时,技术网络(technological networks)和人际网络(human networks)谁更重要?下面是对一位战略咨询管理者的访谈,从中我们可以有所发现。

　　我认为自己的独特之处就是具有解决问题并以大致正确的方向推进工作的能力……这些东西很多都缘于我的网络。我并不是刻意计算我的网络或者那些在会上给我名片的人的数目,但我确实用心去维系好这个网络,我源源不断从中受益。当我需要信息或者帮助时,别人都会回应我的要求,因为他们知道我也会一样对待他们。我无法告诉你需要多少时间才能从建立的关系或者为别人所做事中获益。不过在我的网络中,大约两年或者多点吧,维系好那些有用的人经常会给我带来很大的好处。

促进知识创造、分享的技术方法和社会方法是互补的,他们都围绕知识员工怎样解决问题与获得信息这一前提假

设。知识员工绩效是至关重要的，然而我们几乎不知道高绩效员工如何从别人那里得到信息和知识。在 2003 年，我和弗吉尼亚大学的罗布·克罗斯（Rob Cross）以及埃森哲咨询公司的休·坎特雷尔（Sue Cantrell）共同承担了一项研究，研究高绩效知识员工是如何协调他们的信息环境。[1]

首先，我们研究了四个有着高绩效回顾的组织的社会网络。第二，我们采访了每个组织中的高绩效员工，学习他们如何维持自己的专门技术和发展/使用个人网络。[2] 在研究中，我和我的同事试图揭示研究对象——知识密集型工作中高绩效员工的工作习惯和策略（参见"研究方法"一节）。

我们采用的方法在某些方面与罗伯特·凯利（Robert Kelly）的有些类似，他曾经对贝尔实验室的高绩效员工进行仔细的观察。[3] 凯利关注知识员工特质，比如他们主动性的意愿等。他确实指出"网络化"是高绩效员工的一个属性；但他没有对这一领域进行更深的研究；因此我们对那些社会网络的属性知之甚少。在此研究中，我们试图找出高绩效知识员工如何在工作中获得信息以及解决问题，其中我们格外关注了社会网络。通过观察，我们学会了这类员工如何获得信息、知识以及解决问题的方式，可以更好地设计出整体的管理办法——从适宜的领导行为到组织设计和人力资源实践——支持这项工作。

知识员工如何查询和运用信息

高绩效知识员工在工作中如何获得信息及解决那些新奇且复杂的问题？当然，他们能够解决困难问题，部分原因是由于他们拥有专门技术和知识。对于所有的知识员工来说，一个很大的挑战就是如何维持和发展他们的专门技术。然而，在今天这样一个知识密集（knowledge-intensive）的环境中，很少有人知道足够的知识去解决那些日益复杂且互不相关的问题。让我们想想今天的医药行业，外科医生必须学会综合他们脑子里的想法、网上的资源、专家甚至他们病人的意见等多方面知识，他们可能有更多时间来回顾相关问题的大量信息。据估计，一个普通的医疗从业者必须知道一百万个病例，如果没有外部帮助的话，这显然是非常困难的。当然，这些医生及其他种类的知识员工，都能非常高效地查找和吸收必要的外部信息和知识。

在解决这类问题时，知识员工所用的一种方法就是借助于个人信息资源例如数据库、因特网、出版物或一些正规课程。这方面我已经在本书的其他章中讨论。另一种经常被人忽视的方法就是通过他们的社会网络。想想你自己的经历，当你面临一个新的挑战例如一个新任务或者一个重要项目时，你所需要的关键信息是从因特网上键入一些术语得到的，还是从同事或者同事朋友那里查询到的？很多人选择了后者。事实上，过去 25 年的研究发现，人们很大程度上依赖别人来找到信息并学习如何完成工作。[4]

研究方法

在所选的四个组织中，我们采用了一种混合（mixed）的

研究方法,期望了解组织中高绩效员工是如何找到信息及学习完成工作。研究中每一组都由中层管理人员或专家组成,主要是因为他们的工作都是知识密集型且互不相同的。我们研究的前两个组——一个大型石化组织里支持钻油的 72 名电子技师和一个大型电子组织的 102 名提供高端销售和服务支持的员工——致力于工作。他们的工作都是高度知识密集型的,但都聚焦于物理实体。在那样背景下,存在正确的答案和反馈——一个钻油设备的绩效和一个非响应的电子元件,都可以给员工提供高效解决方案的实际指导方针。后两个组——一个知名咨询公司的 112 名战略咨询师和一个著名电信组织的 68 名信息科学家——的产出是想法和创意(ideas)。在第二组里充斥着各种正确答案;这些知识员工被规章制度和物理实体限制较少,他们可以采用完全不同的方式查询信息。如果我们能够正确评价以上四个组织的话,我们就能推广到不同组织和特定类型的知识工作。

　　我们获得了所调查的每个组织的年度绩效评价。我们选择公司的一个主要标准是:他们的绩效评价系统是可信的,并且全部评价都是基于很多出发点的主、客观评价。[a] 为了理解绩效在几个方面的联系,我们开展了调查。首先,我们对反映于教育、任期(tenure)及自我陈述信息(self-report information)的专门技术等级很感兴趣,在研究中,我们收集了两种网络信息:(1)确保个人在组织内、外重要接触的个人网络(personal networks);(2)界定同事间的关系特征(比如战略咨询师和技术人员)的有界网络(bounded networks),评价怎样与同事联系。我们对四十个高绩效员工进行半结构化面试，每次面试都持续大约一小时。

　　a. 这样确保了我们所得到的绩效信息是可信的，且和每个组织的重要人事决策如晋升、薪酬是相关的。在描述高绩效员工时我们采用了 80/20 法则（即 80％ 的工作是由 20％ 的人做的）。特别地，我们试图找到所有组织中使得这 20％ 的人与众不同的因素。尽管各个组织各有不同，不过这里我所讲的是一些所有组织都适用的因素。

个人专门技术

　　有趣的是，我们发现，专门技术的传统衡量方法（如教育、任期、自我评价）和高绩效间几乎没有相关性。诚然，缺少专门技术预示着低绩效（如基层的 20％ 员工），但单凭专门技术并不能使高绩效员工拥有持久竞争力。正如下面我将描述的，高绩效员工似乎是与时俱进的、有目的的、灵活的、积极的学习型员工。

内部网络

　　我们运用社会网络分析方法，按照信息流（例如从他人那里寻找信息）和意识（例如"我意识到这种个人专门技术"）两个维度评估每个组织间的关系。第一种网络提供一个基于现有项目组合的群体中信息流的简单印象，第二种网络则表明当新机会或问题出现时，一个组织接近他人专门技术的

能力。从信息流维度来看,高绩效员工急切地想要获得信息,和普通绩效员工相比,他们通常多需要六个以上的人来提供信息。反过来,这对于低绩效员工也是适用的。他们很少被选中,不幸的是,一旦选中却很可能占据高绩效员工更多的时间。

高绩效员工的网络更倾向于一种矛盾的模式。一方面,他们愿意和一些同事保持较强的联系,把自己很好地联系在网络中。这些高度认定且互补的关系似乎能支持和帮助他们完成工作。另外,高绩效员工也愿意在他们的网络中培养多样的关系,他们似乎更有可能与网络中的其他单元建立连接纽带。他们尤其能在那些距离实体场所遥远的组织中建立联系,和低绩效员工或绩效平平者相比,他们更容易在组织层级中晋升和有更长任期,这种关系可能为他们提供了独一无二的信息,帮助他们把机会化为资本。

从意识到别人的专门技术角度,我们的发现和预期的结果一致。高绩效员工知道网络中更多人的专门技术,同时也更可能去了解网络子群、单元中的人。当然,这是高绩效员工的一笔重要资产,正因为有了它,当新的机会或者问题出现时,高绩效员工能很快脱颖而出。反过来说也是正确的,网络中很多其他的人也意识到高绩效员工的技能和专门技术。这是一种潜在的、非常重要的资源,因此名誉本身对个人资产也是很重要的。

个人网络

我们也用了一种社会网络的研究方法,让受访者从信息的角度确定那些他们认为对自己最重要的因素。在我们的研究中,受访者们列举了群体和组织内外的人,由此我们能评估那些对高绩效员工至关重要的外部关系。在此我们还发现高绩效员工和其他人的一些不同之处。第一,相比一般绩效员工,高绩效员工更愿意维持和协调更多的关系,另外,高绩效员工倾向于在自己所在部门和组织外部有更多的联系纽带。

此外,高绩效员工希望他们网络中出现更多的新面孔(比如那些他们认识不到五年的人)。这种模式似乎能促进更有效的学习,因为一个人没有局限在那些与当前工作不相关的一组顾问中,接近那些最具专门技术的人(而不是那些仅觉得相处愉快的人)必定能帮助改进工作和解决问题。最后,相比其他知识员工,高绩效员工花了更多时间去维持和发展他们的关系。高绩效员工这样做并不完全出于社会、政治原因,但他们似乎有目的地维持着身边的关系。

总的来说,我们调查结果中发现了一些有趣的现象。尽管我们知道维持专门技术和利用技术资源确实能够改善绩效(例如至少排出组织底部 20% 员工),但这些似乎并不是区分高绩效员工的关键要素。区分高绩效员工最显著的要素是他们拥有更大的、更多样的网络,所以当新项目和新机会出现时,他们能首先意识并很快采取行动。进一步我们认

为，每个人肯定都有一个合理的网络结构，任务需求、个人专长、组织因素以及其他很多因素共同决定一个有效的网络模式。很明显在刚才提到的这些要素中，多样性是最有用的。

高绩效员工的基本观点

为了更多理解知识员工，我们采访了四个组织中的 40 名员工，我们的目的是想获得高绩效员工在工作中查找信息和解决重要问题所用的策略。我们发现高绩效知识员工普遍采用的一系列实践做法。第一，他们忙于某项具体活动，以使他们保持在自己专业领域的尖端，这有助于他们发展新能力如适应性等。第二，他们积极地、有目的地发展、维持以及协调周围的关系。于是，高绩效员工能够更有效率地从他人那里获得信息，同时，其他人也经常会给他们带来很多机会。最后，他们很擅长维持一个"足够好"的信息环境，这使得他们能根据需要顺畅地修改信息和确定优先次序。

富有成效的经验学习者

采访中，我们并没有发现高绩效员工比低绩效员工接受了更正式的教育，或者他们天生就更加聪明。不过我们发现高绩效知识员工是富有成效的经验学习者。当需要投资时间和精力开发新的技术领域时，他们更能作出一个更好的决定。一般来说，这些领域并不属于当前给定职业生涯路径的专业范围，却可以帮助那些高绩效员工整合多种经验和技巧。

对于某个给定的经验,高绩效员工似乎也能学到更多的东西,且不断更新他们的技能、专门技术以及自然成为工作一部分的社会意识。这种持续的相互经验学习让他们受益匪浅,然而其他人可能只会把学习局限于课堂,却不会把工作看作一种学习和提高的途径。一个新来的项目管理者解释道:"我学到的管理知识并非来自课堂,而是通过我过去的管理经验,通过那些简单琐碎的小事和错误,以及对其他管理者行为的仔细观察和反思。"

很多高绩效员工把解决问题的能力归因于拥有知识的广度。其实,高绩效员工的典型特征包括能分辨出个人的工作是如何影响其他部门或职能、能寻找机会与组织中其他部分的员工合作或向别人提供帮助、能理解两个貌似不同的专门技术如何匹配等等。一个管理者解释道:"和我的同事比起来,我的成功应当归功于我能以一种全面的业务角度来看待财务指标。然而,我的同事却仅会关注某个方面。"

高绩效员工经常有异常的、甚至有点不合逻辑的职业路径。但他们不止一次以多种方式告诉我们,不同的工作给他们提供了解决问题时不同的视野和专门技术。一般而言,我们发现那些最新的动态、不相关的项目,以及构建组织专长和组织远景的工作,使高绩效员工更容易发现机会,而那些眼光狭小的同事则往往忽视这样的机会。这些项目也造就了一个可按需协调的多样化网络——一种有用的资产,不过那些习惯于孤立的人不会喜欢它。

当然,在一个职业岗位或组织中,不按照预定的职业生

159

涯路径发展具有很大风险。如果这些经历不能让人成功的话，再去获取新经验、知识、专门技术可能是高风险的。一个电子技师打算承担一个戴明质量控制专家的新角色，他解释道："我在组织中一直处于上升态势——朝顶端发展的路径。承担这个新角色有预想不到的风险，这很有可能轻易地成为一个被迫终止的计划（我的职业生涯也会就此止步）。"

研究中我们发现，尽管高绩效员工承担着风险，不过他们能估计风险，充分考虑投资一个新领域花费时间和精力的利弊。他们并不过早地或者不加思考地接受一个机会，他们会仔细考虑具体项目，任务安排的合理性，或者能成就他们日后成功的专门技术，比如，一个软件开发员工写道：

> 当我来到这里，从事基于网络的应用软件开发时，确实感觉到有很大压力。当时，每个人都正在朝这个方向努力，进行多种多样的投资。我一直认为从事技术和专业可能并不是一个长期的打算，因此我一直关注不同的领域，后来事实证明这是我成功的一个关键因素。甚至可以说，即使网络泡沫没有破灭，我想我也会发展一些更独特的能力，也不会一直沿着这条道发展。

然而，当他们决定从事某个特定的专业时，高绩效员工大量投入，他们似乎有一种个人学习"指南"。他们经常说，他们很关注自己决定从事的领域。而这不能要求他们在其他领域投入更多时间，或指望他们在那方面知识很渊博。也让他们在所选择领域中胜出并赢得专门技术领域内的美誉，

这给他们带来了更多的机会,正如一位咨询师大体描述的:

> 在这里,你将会被许多要求所包围,人们想要你在很多时候对很多事情发表一下你的聪明见解。我认为这将会打扰你并伤害到你。对我来说,我觉得最好的情况就是说:"好吧,我将尽力继续研究这个问题,我想留在这个领域的前沿且不断发展专门技术,这样才能让其他人向我求助。"这听起来简单,却有很多干扰的因素让你半途而废。

高绩效员工不仅要拓展到新的领域,他们还需要努力工作,并日益精竟在已经精通领域的知识。快速的技术进步和新出现的管理方法,要求知识员工不断更新他们的知识储存。高绩效员工总是用不同的策略去学习新领域的知识,这和维持现行领域知识时有所不同。大部分高绩效员工依靠详细的、知名的信息源去维持他们的知识。尽管一定程度上这依赖于网络、行业刊物、电子学习工具、图书以及其他的外部出版信息,不过最多的还是依赖于个人网络。

人被描述为学习中最有效率的资源,因为他们的能力可以剔除不相关的信息,警觉领域内新的且重要的信息,压缩或扩展信息至所要求的适当详细的水平。知识员工经常能快速浏览那些经编撰的资源信息,然后求助于别人"填补黑洞"。一个知识员工解释道:"我可以向别人问具体的问题,这不需要浪费太多时间,在课堂上,仅有10%到15%的内容与我的具体需要相关。"另外一个人补充道:"通过课程和书

面材料学习太浪费时间,在实际中,你的绩效可能会落后。"

个人网络投资

个人网络是学习和解决问题时最重要的资源。对此高绩效员工给出了栩栩如生的例子,说明他们是如何通过个人网络快速把新机会化为资本以及解决工作中的复杂问题。当需要具体信息时,高绩效员工能很快地综合他们与别人的专门技术。他们也经常通过别人来检视自己的想法和视角,确信自己思考某个问题的思路的合理性,一个软件开发主管说:

> 在项目进行初期,当所有的东西都还模糊不清时,我和能接触到的最优秀的人碰撞想法。这意味着技术员工需要审视某个想法的可行性和有效性,市场人员需要审视价格的涨或跌。尽管我只尽力关注了那些重要的领域,不过事实上,这与我后来成功还是有很大的关系。没有一个好网络,我就不能在那段关键时间得到所需的信息。

对于那些网络的热衷者,一种普遍的想法就是网络投资都是高度政治化且职业生涯聚焦的,然而,我们几乎没有听说高绩效员工利用他们的网络达到政治或者生涯发展的目的。实际上,高绩效员工根本不需要这么做。通过花时间完成工作而非追求政治特许,这些员工能发展自己的声誉和网络,以带给自己机会和资源;他们谈论的网络,更多时候是指一种人们相互更好联系,寻求互惠合作的人类过程。不像"社交蝴蝶"(social butterflies)建立的无数表层关系,高绩效员工关注的是那些在现在和今后对他们有帮助的高质量的关系。在构建关系的过程中,似乎有三种可供利用的策略。

建立个人联系。高绩效员工的网络中,几乎所有重要的关系都不单是商业接触。所有在商业过程中能成为重要资产的关系也能随着个人方面发展。比如人们可能发现,与那些具有相似背景、家庭经历以及兴趣的人联系的机会要远大于仅基于制度联系的人。这种个人联系可以使接触更有意义,也更愿意为别人的要求投入时间和精力。当然,他们也提高解决问题的质量;当存在个人联系时,高绩效员工更愿意为那些未成行的想法承担风险,同时在头脑风暴中具有更多的创造力。在高绩效员工的网络中,这些核心的接触对于拓展他们的网络同样关键,新接触的员工经常是通过核心网络里的人介绍的。仅有一小部分知识员工依赖"冷"接触获取信息,其实这经常是最后一个手段。我们采访的一位工程师解释道:

> 多少年来,我都没有有意识地维持自己的网络。那是一个错误。如果你想成功,你不得不发展和培育关系。他们需要知道和相信你是那些他们能坦诚相待的人。彼此间没有信任,关系则不复存在;我必须放弃多年来采用的维持和培育关系的方式。我花了很多时间打电话,通过电邮定期寄出我的问候,核实网络中的关

系,同时我的网络就可以保持永久活力。

遵循规则(follow through)。高绩效员工首选及时地执行任务和回复别人。大量的人按照未成文的"36 小时法则"来回复电子邮件、电话、所有重要的任务以及所应承诺,同时几乎所有的人都提到执行和遵守承诺的重要性,实现你的承诺不仅仅使你完成工作,也让别人依赖于你获得成功。同时,这也为知识转移建立信任机制。一个咨询师是这样描述了它的重要性:

> 当机会来临时,如果他们能记得起你,他们就会想到求助于你。可能我们所有的人都曾经被那些满口说词或者空许承诺最后却未兑现的人伤害过。如果你在你的老板和客户前冒险做那样的事,可能对你有很坏的影响。在我的网络关系中,最重要的是那些可以相互信任的关系,我们一视同仁认真对待每个人,最终形成一种帕累托改进的局面。

积极互换。高绩效知识员工不仅仅需要从别人那里得到信息,他们也积极为网络中的其他人提供信息和机会。很多人把网络描述为"双行道"(two-ways streets);人们要想得到信息,唯一方式就是尽力给予别人信息。然而信息的接受和给予似乎按照一种无法估计的自然方式进行。一个信息科学家这样解释:"如果我的电子邮箱里接收到一些有趣的东西,我将尽最大可能把它分发给对此感兴趣的人,我尽最大努力与别人分享知识。但我不认为这是一种知识的'恩惠银行'（favor bank），而是一种交易而已。"有时高绩效员工有时甚至不按常规，以确保信息接收者能容易地理解和吸收。比如，一位信息科学家和我们说道，有必要为信息接收者适当修改一下信息的形式。

修改信息和确定优先顺序

如果运用信息管理技术不能区分高绩效员工的话，那么什么因素才能区分呢？未经引导情况下，一个高绩效的信息科学家就告诉我们："相对于其他人来说，我成功最重要的因素就是我具有对源源不断的信息的修改和确定优先顺序的能力。我从来不让别人等得太久，我经常会把事情做完。我所指的修改并不是指用技术手段，它更多的是一种精神平衡的行为和方式。"另一个高绩效员工补充道："让它与众不同的因素就是我可以持续地掌控和重组我所需要的信息。当信息来临时，经过组织（我认为通过缩减未处理邮件列表，或者在纸上列出'必做事清单'）后我就一定能按预先计划的方式执行而非被动的响应。最后，我能成为最成功的人，就因为我一直这样做并且准时完成，当有些信息组合不甚明显时，我能成功地把他们合起来。"

高绩效员工也需要有解决突发问题、紧急问题、项目以及机会的能力。今天，在给所有级别的管理者和主管带来挑战的知识密集型工作中，这些高绩效员工已经熟悉了这种基础的转变——很多问题和解决方案不再是计划好的而成为突发的。如果预先设计技术环境不再可能的话，组织和个人

想提高生产力是很困难的。界定完突发问题的定义以及出现问题的区域就能指导合理、灵活地配置资源（人员和信息），以使高绩效员工获得到更好的解决方案。

管理启示

如果管理者们对组织中的高绩效员工及他们的实践感兴趣，这里将给出一些启示。我将重点讨论以下内容，但其中最重要的一点就是考虑高绩效员工间的相互联系。他们把经验学习、技术运用以及网络等方法融合在一起，相互构建得以加强。比如说，成为很强的经验学习者，高绩效员工就能赢得该领域的专门技术美誉以及优秀员工的称号。这种荣誉自然有助于维持一个丰富的个人网络，当别人需要帮助时，他们选择求助高绩效员工，这是高绩效员工获得机会的源泉。此外，高绩效员工专门技术的广度和多样的背景，使他们能以独特的洞察力和视角从事自己的工作和寻找机会，这些视角体现于多样的网络中，同时也需要一个顺畅的信息环境提供支持，让他们看到，彼此适应，并使他人确信机会正在来临。

网 络

对于个人来说，尽管发展网络的能力似乎有些是天生的，不过同时我们也发现，管理者们可以为发展组织中高效率的网络提供很多支持。在这里，最重要的一点可能就是不要把网络等同于社会化或更多的员工交流。知识员工很少有更多的要求,也几乎不单纯为了社会目标。然而,帮助员工形成一种意识,让他们知道在组织中应该问谁以及向谁求助。单靠工作名称和组织结构图几乎不能提供任何导引,员工们不知道面临问题和机会时应该去找谁。一些技术手段,如技能分析系统(skill profiling systems)或者知识定位(expertise locators)都能使上述问题得以解决。但是技术手段通常不得不通过上述背景下一些促进关系质量、合作的中介因素起作用。比如说,形成一个实践社团就是一种能很好配合技能定位的高关系型的方法。

在获悉加入组织的成员类别、持续发展的方式以及评估和报酬的行为后,我们就可以理解整个人力资源链对组织内合作的影响。联系更紧密的网络组织的一个显著特征就是他们的管理者经常补充一些合作性的行为。比如说,他们可能采用一种“关键事件技术”(比如询问一个潜在的雇员,识别他或她解决复杂问题时的关键事件)。还有,一些组织希望在招聘中通过问题解决练习小组(a group problem-solving exercise)来找到合作性强的人。一个战略咨询公司管理者这样说:“要解决这些问题是很难的,不过你可以得到一个关于谁会在合作环境下很好工作的非常正确的想法。”当然,影响雇用决定的关键因素是一定程度上的已知信息,这对具有那些行为的面试者毫无好处,但是雇用决定最后的基础还是个人成功和个人气质。

一旦员工入门后,职业发展也能明显帮助员工培养和维持有效的个人网络。他们能帮助员工评估目前的网络成分,

同时帮助员工按照一种既定的方法促进网络中的连结。在我们的研究中,尽管我们没有过多地研究组织背景下的人际网络发展,不过它确实受到组织中的战略咨询的影响。组织严格执行职业生涯发展规划,同时综合一些网络发展的成分,正如雇员们所说的,因为网络帮助他们综合各种专门技术,所以他们赢得工作及取得高质量的客户解决方案。

绩效评估也是一个重要的人力资源流程,它能够促进在网络中关键点的合作。比如说,一些组织用绩效评估的方法评估一个雇员在某项目中的合作行为。其他组织则设计了年度评估法,要求员工们展示他们在垂直方向提供的支持。还有一些组织采用360度评估法,询问组织中其他单元的人是否得到被考核员工的支持。在组织中,正式的奖金是关于合作重要还是个人成就重要的清楚的信号。其实,关键在于理解合作行为在多大程度上优于空口承诺(lip service)。那些表面提倡合作与共享,而实际薪酬系统却与那些非合作的因素相关,这种做法注定不会达到生产目标。

除了人力资源实践,领导和文化对网络也有深远的影响。我们在研究中,很轻易地发现一些领导天生就具有促进丰富、密集网络的能力。而不是尽力去巩固他们的权威,这些领导者和大家共享信息和决策过程,联络周围的人,把边缘的人吸纳进网络内。能最有效地建设网络的领导者总是把任务看作要求和其他人合作挑战,这种挑战来自部门内外。我们分配任务的目的并不在于精确个人责任,而是在有效运作的社会网络中培养健全的合作模式。问题解决会议上我们一再强调合作的重要性,我们并不看重层级和经验,而是积极以问题为导向。

这些领导者是独一无二的,因为他们寻求和鼓励有效合作,而不是仅仅靠个人英雄主义。这些领导者能在公共场合很快地识别出合作行为,给予那些能帮助他人的员工提供及时奖励,同时提升那些富于合作的人。这些领导者在语言和行动上都清晰地发出合作重要性的信号。那些在网络中联系很紧密的领导,总是更多地意识到紧张的人际关系会对网络中合作和协调带来坏的影响,但这并不意味着他们具有高水平的人际干预技巧;他们经常避免偏袒某种行为。无论如何,他们都有意识和勇气去早早处理复杂的人际冲突(他们自己和其他人,或者在组织成员之间),而不是忽视分歧任之蔓延。

最后,领导者的一个重要的角色就是交流、模仿以及奖励那些合作文化中的支持性的行为。组织中也存在特殊的文化价值观念,它会阻碍合作的有效性。比如说,经常提及的"非我发明"(NIH)综合征很多时候就是植根于成功发明的历史,以及未经检验的自我依赖的演进。低信任的环境经常阻碍员工在问题解决早期接触或者分享想法。然而别人的经验和知识却是大有裨益的,尤其是在问题没有很好定义、缺乏可执行指令时。在这些情况下,领导者有机会去描述他们想要的合作行为,然后在日常管理基础上形成和强化他们。

经验学习

知识员工也可从经验学习技术培训中获得益处。如果说大部分知识员工主要都是通过经验学习新知识，那么我们将如何帮助他们有意识地采用一些策略改进学习？一种很知名却经常被人们忽略的策略就是在组织中制度化"行动后评核技术"（after action review），确信每件事后都有学习。[5]这种技术是一种简单的结构化的方法：在事件完成后立即回顾经验和教训。一些受访者也提到导师制（mentoring programs）的重要；似乎相互学习对知识员工更有效。

允许从失败中学习是另一种能归于经验学习的文化属性。人们难免会失败，不过组织经常不让人们承认失败或者从中学习。高级管理者通过承认自己的失败，描述他们如何从中学习，为员工树立一个很有力的榜样。

鼓励经验学习的第三种方法就是招聘经验学习员工。如果绩效最好的员工是那些善于从经验中学习的人，那么招聘过程中就应该关注并识别那些看起来有经验的人，以便其他员工可以向他们学习；同时要关注那些能够向他人清楚描述自己经验的人。

技 术

我们在知识相关的活动中都可以利用信息技术，而不仅仅局限于在网上知识库中查询文章。很多公司正在开发技术，以为社会网络的利用和发展提供方便。虽然很多社会网络的工具主要是针对个人的,不过也有一些工具开始关注组织内的发展联络。比如,很多公司已经开发了专门技术目录(expertise director)或者"黄页"(yellow page)应用软件,旨在帮助知识搜寻者寻求到那些拥有知识的人,惠普公司是第一家开发此类应用软件的公司。[6] 这个叫 Connex 的系统最初是为惠普实验室识别专家设计的,但后来组织中很多其他不同部门也在使用。

最近,越来越多的组织开始在内部使用社会网络软件。比如,一个知名的全球风险投资私人公司,3i 公司内部运用了一个名为"交互"(interaction)的"关系智能"(relationship intelligence)系统,帮助实现他在全球业务拓展同时,仍保持"一间公司"(one-room company)的战略。在 16 个国家中有 600 多个投资专家工作,3i 公司需要一个应用软件帮助组织内部同事间相互交流,以及为组织内外的合作网络战略关系提供可视性。

比如,在最近的一桩收购交易中,3i 公司想购买一家德国公司在法国的子公司。主管购并的英国团队(U. K. team)成员没有所需的高层次的个人关系,因此他们求助应用软件,以确定 3i 公司里其他员工是否能满足需求。运用"交互"系统的一个显著属性——"谁知道谁"(who knows whom),他们查出在米兰办公室的一个同事和目标公司的并购主管曾经有私交。这个同事同意提供必要的引荐,最终这笔生意被 3i 公司拿下了。公司预计在这笔生意中将会获得 2500 万～5000 万美金的利润。"英国联合团队里的一些人在寻找

机会,而生意却在德国,最终又在意大利找到战略关系,我觉得这是很有挑战性的。"3i 公司的人力资源部长说,"要是没有内部网络,我们将不可能发现这个战略合作关系。"[7]

诚然,以上描述的"交互"系统由于市面上的通讯材料而大打折扣,此外现实世界中物质流动的顺畅程度也不能和理想一样。但是公司不应该忽视软件和电脑能够方便社会网络的可行性。我们只需想想:如果没有电子邮件,我们的网络将会是什么样子?

本章小结

我和我的同事承担这项研究,旨在更好地理解高绩效员工如何在工作中获得信息、解决问题。通过锁定样本组织里最优秀的员工,我们探索了在多种情况下都能激发高绩效员工的工具和实践措施。我们确实存在很多差异点,特别在高绩效员工和中等绩效员工间的网络领域。我们期望能够发现创意型和产品型两类公司中知识员工管理信息和解决问题的差异。然而我们只发现了很少的不同之处,他更进一步支持高绩效员工的这类实践措施的重要性。

更为重要的是,我们的研究将会修正那些关于知识员工实践和他们认为自己如何完成工作的误解。无疑地,一直以来知识管理的主要手段就是技术。虽然我并不质疑技术在今天组织中的重要性,不过它仅仅是知识员工知识和学习的一个来源。比如,相比导师制学习计划来说,我们在电子学习工具上投资更多,不过大部分员工还是通过经验和他人来学习,而不是通过电子学习。这些结果表明,我们有必要重新引导知识型组织中的社会网络和人力资本的投资。

提升知识员工绩效的建议

➤ 技术方法对知识工作固然有用,但高绩效知识员工认为可以从网络中别人那里得到更多有价值的信息。

➤ 相对于低绩效员工而言,高绩效员工更可能去寻找信息,同时也有更强且更多样的网络,在网络中他们可以得到信息。帮助所有的知识员工改进他们的网络能创造出更多的高绩效员工。

➤ 高绩效员工与组织外界有更多联系的纽带,这使得他们成为更有效的边界联系人(boundary spanners)。他们也可能与新员工保持更多的联系,这使他们在传递知识和文化的过程中更有效,这两个领域都需要进一步的开发。

➤ 高绩效员工不仅仅向别人学习,还通过自身嵌入的多种工作经验学习。为了确保新经验学习的效果,他们在工作中预先估计风险。所以应该在招聘过程中发现这类学习员工。

➤ 高绩效员工积极管理自己的网络,但却不是出于政治和自我提升的目的。他们知道,通过网络接触获得了很多信息,因此他们小心翼翼地交换所得信息并培育自己的网络关系,如果更多的员工采纳这种行为,我

们将出现更好的网络。

➢ 高绩效员工运用技术，但是他们也在头脑中修改很多信息，同时调用文档。问题解决方案更多时候表现为突发的而非计划好的，提供给知识员工的技术应该能反映应对这些问题的优势。

➢ 管理者们可以采用多种方法为社会网络的增长和功能有效性提供方便，于是软件应运而生，但除了电子邮件，大部分软件并没有证明它们能方便社会网络的发展。

第八章　物理工作环境
与知识员工绩效

影响知识员工绩效的一个因素是物理工作环境——办公室、小卧室、建筑物、知识员工工作的移动工作场所,它们还没有得到很好的理解。尽管这方面的研究已有不少,但有影响力的却不很多。甚而更为不幸的是,在知识员工工作环境的大部分决策中,很多时候我们都没有认真地考虑到工作环境对绩效的影响。

2002 年,我和埃森哲公司的鲍伯·托马斯(Bob Thomas)、休·坎特雷尔(Sue Cantrell)共同承担了这个论题的研究。[1] 我们采访的 41 家公司正在实施一些首创的方案,旨在改进高端知识员工以及具有很高专门技术水平和经验的员工的绩效,这些人对组织的愿景目标的实现是至关重要的。我们对影响知识工作绩效的所有因素都很感兴趣,但公司中最常提及的是物理工作环境(另外一些常见因素是信息技术和管理,本书中,我已经各自至少花了一章来论述它们)。

我们的研究认为,引进一个新的工作场所常常会催化知

识工作环境的重新设计。因为它是如此切实,一个新的或者可选择的办公场所本身就是新的工作方法实现的象征和关键部分。比如说,法玛西亚公司最近在芝加哥外建立了一个新的生物研究建筑,其目的是鼓励其研发团队中员工更多地相互交流。新设计的工作场所不仅为了吸引顶尖的研究科学家加盟公司,也是为了促进一种更富合作的文化。尽管这并不能保证那些行为一定产生,但某些特殊的设计却能激励某类行为。当然,办公场所也是昂贵的,减少或者更换场所而带来的节约通常被认为是一种明智的改变。

工作场所的设计有点追求时尚的现象,部分原因是因为没有人确切知道影响知识员工绩效的因素是什么,以及那些因素是如何相关联的。由于我们缺乏相关知识,办公环境的卖主如建筑商、开发商可以任意宣称他们的产品。但从这个议题的有限研究中,我们还是发现一些东西,在下一段中,我将列举一些关于物理工作环境研究方面公认的观点。最后,我将描述一个框架,旨在帮助管理人员考虑如何设计组织中物理工作环境。

关于物理工作环境,我们知道什么?

从前面的研究、逻辑以及共识中,我们知道一些关于物理工作环境和知识员工绩效间的关系。它们包括:

知识员工喜欢封闭的办公室,但交流似乎在开放的办公室中会更好。开放的办公室和封闭的办公室自然存在很大的差异,但这个领域内[康奈尔大学的弗兰克·贝克(Frank

Berker)和威廉·西姆（William Sim）教授研究]最广泛的研究结果却表明，大部分知识员工喜欢封闭的办公室，因为在这里他们能集中精力，但在开放的办公环境中却更易于非正式交流、建立信任以及社会资本（尽管隔着高墙的小间限制了他们的人际交流）。他写道："我们的研究需要从软件开发到市场营销和业务拓展等职能的员工参与，这表明，办公环境越开放，就越有益于整个组织工作效率的提高，尤其当交流和相互作用成为工作流程中的关键要素时。"[2]贝克和西姆是这方面绝对的专家，但似乎和很多公司的主管一样，当知识工作在办公环境中完成时，他们总是忽视集中和安静环境的需要。

知识员工聚集在一个特定的地理区域。卡内基—梅隆大学的理查德·弗罗里达（Richard Florida）教授在他的书《创造性阶级的兴起》中提出了这个举世闻名的因素。它证明了知识员工（和"创造性阶级"不一样，很多是重叠的）被吸引到那些有与他们相似的人的城市和地区，在这里他们取得了更高的生产力。硅谷、波士顿以及奥斯汀都是显著的例子，至少信息技术导向的知识员工是这样的。这给我们的启示就是：如果你是一位知识员工或者一位雇用知识员工的生意人，你必须查明该行业的中心区，然后确认你自己的位置。如果你是一位城市经理或市长，你想让那些成功的纳税者来到你的城市居住，你必须使你的城市能吸引他们和那些能雇用他们的机会。[3]

工作过程中知识员工的移动。他们需要移动，并在办公室外面投入很多时间。在被调查的几个公司里，我们发现知识员工花了高达一半的时间在办公室外面——开会、在别人办公室里非正式谈话或者出差。于是，组织需要培养他们在办公室外高效工作的能力。最明显的例子就是移动工作环境中的膝上电脑，不过还有其他的方法，比如说随时可以获得的物理工作档案如书本和文件，以及出差时使用电话、电脑以及短消息技术（messaging technologies）的能力。

知识员工的合作。他们需要见面、聊天以及集会。办公环境需要能方便这种合作以及隐性知识（很难清楚以书面的形式来表达）的交流。这意味着什么？小一点说，需要一个会面和开会的地方。大一点说，为了实现多重合作，我们需要创造一个多样化的合作空间、技术以及简易方法。合作技术——从视频会议到网络广播、共享网络——日益对合作带来很大的影响，但由于很多情况下存在技术困难，使用者备感沮丧。[4] 很少有组织尝试鼓励高层次的合作，部分原因是由于他们没有尽力理解所需合作的种类。

知识员工需要专注。与合作相反的一面就是工作中的专注。这要求一个安静的、有较少干扰的环境。这样的环境对于知识创造活动——思考、书写、编程以及设计等等——至关重要。这些活动所占知识员工工作时间的比例不同，一些研究发现,比如编程人员仅仅花了 20％～30％的时间做单独的编程工作,但发现其他人甚至花了 64％的时间做"安静"的工作。[5] 无论时间所占比例如何,它对知识工作成果的生产相当重要。很多移到开放的办公室的组织,鼓吹递增的合作能带来收益,但他们却忽视了这是以牺牲专注为代价的。

知识员工在办公室工作。多年来人们一直讨论远程办公(telecommuting)和远程网络(telework),不过仅有小部分——一些研究表明仅有 5％——员工真正远程办公(全职或近全职),而且很多人都是行政员工而不是知识员工。和其他所有种类员工一样,知识员工喜欢灵活性,他们喜欢偶尔在家工作。但是,他们不想让自己的家变成办公室。他们知道一直不去办公室会让他们从联系环(loop)中脱离——不能分享聊天内容,交流隐性知识,或者建立社会资本。[6] 虽然偶尔的远程办公不能为公司节约任何成本,但组织也不应该干预那些支持全天候远程办公的办公室规划。同时,这也意味着远程办公对知识员工没有太大吸引力。

知识员工与亲近的人交流。汤姆·艾伦(Tom Allen)是研究科学家和工程师工作行为的研究中心的主任,他发现 20 多年前,技术工人(知识员工代理人)的桌子间都离有 30 多米远,他们交流的频率几乎都是零。[7] 一些人认为电子邮件和短信息改变了身体接近和交流的关系。但是,我认为你很少会给不认识的人发电子邮件或者短信息。假定这是合理的,

艾伦经常提及的重要结论表明,公司应该为那些需要交流的员工设计工作环境,使他们能近距离接触。当然,在决定员工间谁需要和谁交流时也需要一些策略。比如3M公司和赫门曼米勒公司在设计他们的设备时都尽力考虑这些因素。

知识员工并不关注那些华而不实的设备。至少还没有证据表明某人选择、留任以及高效率工作是出于以下原因:足球场、游泳池、乒乓球桌、热牛奶咖啡吧、办公室看门房、炉膛、聊天室、静养室、哺乳室、创意室、休息室、小憩室等等。一般情况下,很多员工甚至避免别人看见自己使用这些设备,因为他们担心被认为工作不够努力。无论何种情况下,知识员工的绩效和那些诱人的工作环境特征间并没有明确的联系,不过他们对招聘新员工和道德文化建设还是有一点帮助。据我所知,仅有两家办公设备公司(赫门曼米勒和斯特雷克斯)对工作场所的创新设计作出了突出的贡献——他们关注的焦点是广泛的工作场所变革,而不是那些华而不实的建筑物——因此,我们可能真不知道一些东西是否值得耗费金钱和建筑师的时间。[8]

尽管工作场所设计存在流行趋势,且缺乏对其具体含义的认识,不过很多组织切实相信他们所采纳的方法带来的效果。比如说,经常有人认为开放的办公空间能增加合作以及开放的交流。这是SEI投资公司的目标,为了造就一个更大的开放办公室,所有的分割物都撤掉了,据我们采访的SEI的知识员工所述:这是为了创造一个让人们能够自由交流的趣味环境。一位 SEI 人力资源管理者承认,这样一个开放环境似乎需要耗费一大笔资金[SEI 相信,对于他们想要雇用的合作性员工,开放环境是一个好的筛选机制(screening mechanism)],不过却仅有一半的潜在员工认为他们能在那样的环境中坚持工作。

当然,在知识工作的流程中,很多情况下越过间隔的墙与别人沟通,确实可以方便信息流动。然而我们听到的仅仅是那些在家埋头苦干的员工闲聊的奇闻轶事,因为他们觉得办公室内无法集中精力。比如说,一个从事高敏感性政治风险分析的知识员工,担心组织一旦实行完全开放的办公计划,自己的工作绩效将受到很大影响。

在孟山都公司(后来与法玛西亚—普强合并成法玛西亚公司),每个业务单元都在尽力彻底消除私人办公室,降低官僚作风和增加交流,但这些单元的高级职员最终建立起自己的私人办公室。雇员们(我也一样)经常怀疑开放办公室的规划,怀疑这样设计的主要目的是不是降低空间成本,以在隔间结构的空间中容纳更多的人。

类似地,工作场所内外的移动性是一个被经常提及的目标。这在那些提供专业服务的行业内有显著意义,员工必须经常出差到客户那里。然而,当员工高度流动且不轻易固定位置时,我们不知道组织应该为面对面的交流支付多少社会资本。比如"酒店业"或者一些员工可以进入任何可用办公室的行业,很明显为移动员工安排空间是一种有效的方法。但一些已经采取这些措施的公司报道称:这些措施形成的共

同性水平(community level)，与我们在实际酒店中发现的一样。你在酒店中结交了多少朋友？当隔壁的房客每天都不同，非正式的社会关系不容易建立。

重实验，轻学习

在工作场所对知识员工的影响研究中，我们应该知道更多，不过我们没有做到。现有研究中，很少具体关注如何为知识员工改进物理工作环境，但之前的20年却是一个很活跃的时期，很多公司都实验了不同的方法。"实验"是那些缺乏知识的公司常用的术语，但如果实验能有一些其他技术相配合，包括测量、控制、假设条件甚至所得经验的简单记录，它们会变得更有价值。

几乎没有能够实际测量环境干预因素的方法，同时也几乎没有可控性的实验。反而，似乎"流行、时尚和信念"变成知识员工设计新工作环境的驱动因素。其他一个强有力的因素就是财务，在节约成本原则下经常会极重要地考虑到它。一个特定工作环境的成本是很容易测量的，但是利润却不容易测量。

与其他绩效因素结合的设备变革

我们为什么对影响员工绩效的因素知之甚少，另外一个原因就是管理者们现在才意识到工作的复杂性需要多种方法，而几乎无法测量单个方法带来的变化。仅仅靠新工作场所、新技术或者新管理方法都不足以影响生产力，把以上每个领域内的变化紧密配合才能影响绩效。但是,在我们研究的 41 家公司中,我们经常发现:一个新的工作场所,是公司帮助知识员工实现高效率、高效果或者创新的方法焦点。然而,仅有少数公司能把新工作场所与其他因素结合考虑。

那些最引人注目的新视角、最有效的执行,能使管理和文化、信息技术以及物理工作场所产生变化。比如,致力于工作场所设计的 DEGW 公司提出一种新视野。他设想"城市即办公室"(the city as office),同时在大都市设置了很多工作点,员工或组织可以从中自行选择。

在这样的环境下,知识员工可以聚集在一个充满合作的环境中,和组织中的其他成员、顾客、供应商以及合作伙伴一起工作。这种设置可能是一个星巴克咖啡馆(很快就会变成知识员工的一个遥远避风港)、一个宾馆大厅、山上的一个城堡,甚至一个拥有完全镶嵌的墙、皮质沙发、一杯葡萄酒的绅士俱乐部,都能使知识转移过程变得更加通畅,我们将在何处使用这样的办公室呢?

那些需要与数据、声音网络联系的员工,居住在相同的区域,他们能以一种完全不同的感受转向一种完全不同的设备,这种设备可以适用多种组织。比如,DEGW 公司设想可租借的工程场所,连接到如泰德博物馆的公共机构,或者组织间可永久共享的空间。比如说,位于荷兰的皇家荷兰壳牌公司培训中心变成一个周末假日酒店,它弥补了中心的大部分成本。在这种模式下,员工的家被视为另一处潜在的工作场所。

　　DEGW 模式主要依赖于移动技术，员工工作时能轻易地从这个设备移到另外一个设备，而且无论何时他们都可以了解到某个员工的位置。能使设备内员工即时知道其他员工在哪儿的技术———一种面对面的"好友列表"（buddy list），将有助于形成合作。我们要依赖组织干预的方法，方便组织内外的合作，同时对知识员工进行了高度的指导和"变革管理"，使他们实现生产力最大化及满意的工作—生活平衡。正如 DEGW 的一个主管说的：

　　　　在我们公司里，发展最快的领域不是设计而是变革管理，并且它正迅猛发展。人们已经意识到可以用物理工作场所变革来促进商业流程的变革。

　　正如 DEGW 模式设想的那样，很多知识员工已经轮换过多个工作地点，但这几乎不能支持今天的工作。当我们出差的时候，有时甚至很难把个人电脑与 E-mail 或者合作系统连接，同时很少有组织给员工建立家庭工作环境。DEGW 模式通过承认工作的移动性，可以提高知识员工的绩效，并创造尽可能多的高效、友好的移动办公点。

新型合作的必要性

　　谁的工作能为知识员工工作环境带来引人注目的影响？在很多组织中，人力资源、信息技术及其他设备职能间的合作是不够的——无论是意识还是现实层面。今天的知识员工单调的工作环境需要显著转变——近距离的合作以及早期介入到以上三个支持群体中。它也要求 CEO 对知识工作改进的具体需要做出明确的引导。由于新方法,比如 DEGW 的"城市即办公室"涉及以上三个职能,而且没有一个人能掌握这三个职能的知识,所以这种一体化合作方式很有必要。

例如思科系统成立了一个跨功能任务团队,提出一种一体化的工作场所策略。一开始,公司领导就清楚地说明这三个职能的目的都是为了同样的商业目标——低成本、高效率地提高员工生产率以及满意度。

一旦思科的任务团队成员确定了共同的目标,他们需要一个实现共享解决方案的流程。刚开始时,团队中应该包括每个部门的代表。设备单元描述思科的知识员工当前是如何使用办公场所,一位信息技术部门的员工预想了未来几年内将影响工作场所的技术,同时一位人力资源部门的代表也描述了他设想的思科工作场所的特征。逐渐地,这个任务团队形成了一种统一的设想,以实现公司需要创建的未来工作环境。他们也开发了一种"共享语言"(share language),含蓄地描述了雇员应该做什么以及需要怎样不同的支持。比如,当公司的销售人员开始请求任务团队成员,为顾客展示思科如何在自己的工作环境中平衡信息技术和工作场所,思科的任务团队必将会得到一个蓬勃的发展。

随着知识工作环境的改进变得日益重要,可能很多关键的支持职能将被合并,或者将出现一些新的职能,把现有支持群体的战略和计划结合。一些公司在这些能力上已经领

先。BT有它自己的工作方式咨询小组（Workstyle Consultancy Group），太阳计算机系统有限公司也有一个综合人力资源、信息技术以及组织设备的工作场所效率组织（Workplace Effectiveness Organization）。

分割和选择——一种知识工作场所的模式

尽管这些新设想是引人注目的，但大部分组织需要一个程序化的方法来对知识工作环境作出决策。我可以提供一个基于知识员工二维属性的管理模式，模式中我们假定了一些事实。在以前章节的讨论中，我们知道知识员工喜欢自主（第一章）并且不尽相同（第二章）。我和我的同事开发了一个框架（图8—1），阐述了管理者可以用来提高知识员工和物理工作环境间匹配的不同方法，以及每种方法的优势和劣势，此外还给出了一些选择和应用显著影响绩效方法的最佳实践。研究中，我们考虑了41家公司的众多差异，其中每个差异都是知识工作的基础特征，最终把研究框架建立在知识工作环境的两个关键维度上。第一个维度就是群体工作设置的可分割性。尽管一些工作设置是高度分割的（比如对组织中的知识员工实行顾客化管理），但对于大部分员工来说，工作设置则是一样的。第二个维度是个人可选择的程度，即允许知识员工多大程度上按自己需要完成工作设置。我把这些因素整合在一个矩阵中，设计了对于任一工作设置都可采用的九种可行方案。下面，我将详细描述这些维度的分类，同时，我将会提供与每种分类匹配的公司实例。

图 8—1　工作台设置的可行性方案集合

		转业型	模块型	专用型
群体工作设置可分割程度	高			
	中	固定型	调配型	个别型
	低	通用型	顾客型	个性型
		低	中	高

个人选择程度

工作环境的可分割程度

本书中，我曾详细论述了知识员工在任务和需要上的差异性，这使得相同的工作环境设置没有太大意义，甚至同一组织中也是如此。这里人们可以采用一些不同的分类方法，包括判断与合作，创造、分享与应用（第二章中介绍），或者以下我将描述的一些方法。比如说，呼叫中心的业务员需要一个能专注业务的工作环境，综合员工则需要具备与同事轻松交流的能力，专业员工则需要集中精力的能力。这些不同的知识工作活动决定了不同的工作环境。

我们把知识员工环境的可分割程度分为三个级别。一般来说，可分割程度越大，员工和工作设置间的匹配性就越

187

大,组织内不同种类的工作设置数目就会越大。

低分割性。低分割性的公司给所有的员工都提供了一套标准的工作设置。比如,在 SEI 投资公司,所有的员工都在一个大的开放的办公室里工作,他们使用同样的工作场所和技术。对于那些员工和工作活动都是高度同质的公司,比如一些建筑和法律公司,低分割性的标准化工作设置可能是最简单的方法,它能有效地把工作设置和大多数在那工作的员工的需要结合起来。在特定情况下,即使一些员工类型复杂的公司也能采用这种方法。比如,当他们想在组织内控制成本、强调非官僚主义环境变化、吸引或者留住某类员工、鼓励一种公共文化价值比如跨组织的开放交流时,他们可能会采用低区分度的方法。但是,这种方法很可能造成单个知识员工需要和他们的工作环境的误配。比如一个管理者和我们说,他觉得公司转向开放的办公环境,会大大削弱工作所需的私密性,而这是他和客户交谈时必需的,因此阻碍了他的绩效。一些员工或潜在员工可能对此用脚投票,正如 SEI 投资公司的员工说他们不能在一个大的开放房间里工作。

中等分割性。其他公司把他们的员工分成几个有限的类别,同时为每个人安排预订好的工作设置。相似的分类计划旨在确定适当的工作设置,包括按地位、地理或者工作角色来分类。知识员工分类也可按照如下一些不甚熟悉却日趋流行的标准,例如:

> 流动程度
> 团队工作量和个人工作量的比例
> 同时承担项目的数目
> 交流员工的数量和种类

比如,英特尔采用了以上标准中的一些,为三类知识员工——"团队成员(teamers)、游牧民(nomads)、临时工(sitters)"确定了三种主要的工作环境。这是一种针对办公场所的分类方法,它不同于我在第二章中描述的英特尔采用的"信息技术导向"的分类方法。对那些项目类型和知识员工需求都互不相同的组织而言,这种划分类型是大有裨益的,它能够提供机会创建一个不同类型员工共享的组织。但是,这种划分类型在建立和应用时有一定的困难。在一个组织中适用的东西可能并不适用于其他组织。美林证券按照工作角色来划分知识员工。从部长管理者、业务员到信息技术专家,每个人都有自己的工作场所设计和技术解决方案。但在其他组织中,每个工作角色间可能没有足够的同质性,以至于按照角色来划分可能不会成功。我们研究的一个电信公司主要有三类工程师:"空降兵"(parachutists),即那些短期调到一个项目中帮助解决某个特定问题的员工;"特遣"(ambassadors),即那些在外代表公司工作的员工;还有那些在一个项目上埋头苦干的员工。

高分割性。在我们研究中,一些组织有高度可分割的工作设置,它们建立在一次性、分批分组的基础上,这尤其适合

于那些有较少员工的组织。他们没有为所有群体都安排同样的工作设置，"A 型"公司偏好高可分割度的公司，能为每一个群体设置独特的解决方案。比如富达投资公司拥有很多外部咨询师，他们独立地接近每个群体并分析其工作模式和流程，最终为那个组织创造一种顾客导向的方案。尽管这类工作设置可以让员工需要和工作设置间更好地匹配，但运用时却昂贵且耗时。可能因为这个原因，我们调研中的一些公司仅仅在公司局部采用这种方式。

个人可选择程度

尽管知识员工可能会给组织提供一些他们希望的工作设置类型，不过大部分群体工作场所设计的决策都是由组织制定的。相反，一些提供高度个人选择的方案，能使知识员工在一定的群体工作设置中，自行选择如何布置他们自己的私人办公环境。当然，这对于渴求工作自主权的知识员工具有很大吸引力。这样的选择也是省钱的——至少它不花任何东西就可以让员工引入自己的办公装备。我们发现，尽管没有组织为他们的员工提供完全的灵活性，我们确实发现了三种级别的个人可选择程度。

低度选择。一些组织设计员工工作环境时，很少甚至不给员工任何选择权利——无论工作可分割性如何——这些工作环境设置都是固定且不能改变的。那些很少或者没有个人选择权的员工不能采用多种方法布置他们的工作场所，他们也不能如愿以偿地在家工作。他们甚至不能带来自己的办公桌小布件，就像一些宾馆里的情况。从技术的角度来看，很多公司比如惠普公司已经开发了一个公共的运行环境，其目的在于减少交易和支持成本。这种方法并不能保证知识员工的需要和工作环境紧密契合，不过其管理相对简单且廉价。

中度选择。正如有些公司通过建立一些有限的、预订好的方案来限制群体工作设置数目，公司也建立了一些有限的、预订好的方案来限制个人可选择程度。例如在我们的研究中，大部分组织为雇员提供了一套标准的办公工具和技术元件或者一系列设订好的菜单选项，让员工从中选择。类似于硬件、软件选项，太阳计算机系统有限公司为知识员工提供了一个物理工作环境的可选菜单（比如私人办公室、共享团队空间、卫星中心、在家工作等）。一些公司提供一些可配置家具，比如一些可调整隔墙高度，或者可以按需在四周移动的带轮家具。这种方法对于那些员工需求随时变化且经常未知的组织尤为适用。这种方法的风险就是，个人可能选择那些能最大化个人绩效的工具和环境，而这并不能带来整个组织的绩效的提高。可能带来的好处就是员工满意度增加，这能够提高员工绩效和保留。

高度选择。一些公司允许知识员工真正决定自己工作设置，而不提供外在的预定选择。一些公司鼓励员工自己引

进和安排自己的家具，或者公司资助他们购买自己的技术解决方案。一些组织允许员工订制有装饰项目的工作场所。例如在著名的佳德广告公司里，公司曾经采用了一种激进的办公室设计方案，组织不提供任何选择，员工可以按自己兴趣设计——从冲浪板到他们自己的宠物，目的是可以激发他们以及放松自己。对于高创造性的知识员工——研究中的佳德以及艾迪奥公司的员工，可以订制自己办公环境这种自由可能是最关键的。

如何使用这些分类

一些公司仅仅使用九种可选工作设置方案中的一种，并将其在全公司范围内运用。比如说，艾迪奥公司对其所有办公室都采用了一个"个性型"的方案。它把一个低分割性的群体工作设置（所有员工共用一样的标准群体工作设置）与高度个人选择（鼓励雇员为群体方案引进他们自己的创造性设备）结合起来。北电网络也采用九种方案的一种——"调配型"——在整个公司内使用。北电网络为每小组定义了一个工作设置，但每个员工可以采用模块化方法进一步调节这些工作设置。

其他公司使用不只一种的工作设置方案。例如，富达投资公司就采用了三种方案。它已经在公司一半员工中推出了"专业型"方案（高分割、低选择）和"模块型"方案（高区分、中选择），然而由于遵循一贯的"一致性方案"——一种通过引入相同建筑物、隔间来降低成本的工作场所设计方案——

富达投资公司将近一半的员工还在"通用型"的工作环境（低区分、低选择）中工作。

具体到你的组织，哪一种或哪几种混合的方案才是最好的呢？结果将会依赖于以下问题的答案：

> 你的组织同质性如何？对于知识员工分享共有工作方法以及需求的一些组织而言，"通用型"的工作环境（低区分、低选择）设计方案是最好的。但对知识员工需求随时变化的组织，这种方案可能会明显影响效率。

> 知识员工需求和他们工作设置对组织的重要性如何？例如，对于具有高度专门技术员工的公司来说，研发部管理者将为员工提供高区分、高选择的办公环境方案。但其他组织更关注强化公共价值或者工作流程，他们可能更喜欢位于矩阵左下象限的"通用型"的方案。

> 在知识员工设计自己的方案时，组织能给予他们多少控制力？群体工作设置可以把知识员工的要求综合起来，但最后还是由专家决定。只有那些有高度个人选择的方案才能使知识员工按照他们需求设计自己的工作环境。

> 你将会奉献出什么层次的资源？高分割性要求更多的资源，但却能为绩效提高带来更大回报。那些想得

到最大利润的公司可能会选择关注"个性型"方案,因为这实施简单且廉价,同时还能给知识员工他们想要的自主和自由。

对于大部分知识员工来说,我认为趋向于图8—1中右上方的区间——高区分和高选择——将会提供最佳的、如果可能还是资源最集中的方案。这种工作环境提供了知识员工和工作设置间的最大的匹配,同时允许一定程度的选择和自主权。

但是,只有小心翼翼地运用方案才会得到知识员工和工作环境的预期匹配。当方案是由内至外,且建立在对工作方式和流程的透彻理解基础上,它们是最佳方案。北电网络的管理者花了一年的时间研究跨功能团队工作流程,研究中他采用调查和访谈的方法,在定义八种不同类型团队基础上,确定了这些方案的最佳范围。此外,因为所有的解决方案最终都会过时,所以组织应该监控知识员工不断改变的需求,以及可能会改变工作方式的新技术。要想为组织中的最有价值的资产创造高绩效工作环境,就要不断地更新组织提供的选项和方案。

本章小结

毋庸置疑,知识工作场所的决策将继续基于这种不甚严密的标准,同时成本将会是一个重要的因素。但有证据表明物理工作场所会影响知识员工绩效,同时我们需要做更好的工作来留住我们最重要和最昂贵的员工。如果我们能开始从经验中学习,建立有影响力的引导未来决策的知识基础指日可待。同时,运用分割性和选择性的分析方法,也是当前知识员工管理者可以使用且获得高效率、高产率的方法。

提升知识员工绩效的建议

➤ 尽管虚拟技术的兴起,物理工作环境仍然是影响知识员工绩效的一个重要因素。但是,在得知这些影响因素的特性时,我们需要做更多规范的实验。

➤ 尽管还不太确定,但我们却可以自信地宣称我们对知识员工和他们工作场所有一些了解,我们的干预也应该基于这些了解。比如这些事实包括:知识员工喜欢封闭的办公室,但在开放办公室里似乎能更好地交流。

➤ 在工作场所安排中,给知识员工一定的分割性是很重要的。

➤ 知识员工喜欢自主,因此在他们的工作场所的外貌和运行上,很有必要给他们一些选择权。

➤ 最引人注目的新构想,最有效率的执行,是要使知识工作场所融入管理和文化、信息技术以及物理工作场所的改变。而这要求跨支持职能的合作全新提升。

第九章　管理知识员工

怎样管理知识员工才可能获得最高水平的绩效和结果？在知识密集型的组织中，一个管理者或领导者应该如何行动？知识员工管理怎样不同于其他的、更传统的管理形式？这其实并非一个陌生的领域，它不像上章我讨论的知识员工物理设备；我们已经知道很多管理知识工作的最佳方法——部分是因为我们接受的一些关于知识员工管理的知识同样可以运用在其他员工上。一些人可能坚持认为：优秀的一般管理者和领导者的特征，也是优秀的知识员工管理者和领导者的特征。[①]

　　然而，相反的观点认为，管理并没有知识工作这一角色。"管理"的思想——一个仅仅关注计划、监督、控制其他员工

---

　　① 我和沃伦·本尼斯讨论过一些话题，这章中一些观点无疑来自于他的想法。我公布了他的纪念文集《未来的领导者》中的部分内容，由沃伦·本尼斯（Warren Bennis）、格兰恩·M. 斯伯莱茨（Gretch-en M. Spreitzer），托马斯·G. 卡明（Thomas G. Cumming）编著（Jossey-bass，2001）。

工作的角色—— 适合于工业时代,但有人认为:这种角色在一个自主、自我激励的知识员工时代已经没有必要。那些电脑编程团队、市场分析师、研究者以及其他从事知识密集型工作的团队愿意从本质上自我管理(self management)吗?

尽管之前并未提到,我相信管理还有一个重要角色,就是监督知识工作和员工。事实上,我一直主张知识工作增长将是引导未来管理最重要的因素。由于被管理的对象是一个与以前员工存在很大差异的群体,管理本身也不得不变革,这在一些情况下更为显著。但是管理的新任务是什么?知识和知识工作的重要性将会带来什么样的影响?

这章中,我将花大量的篇幅关注一系列以知识工作为核心的管理特征,这可能与传统的行政性和操作性的工作有很小的相关性。另外,我还讨论了近年来与知识工作日益相关的一些管理主题——比如外部资源获取(external sourcing)。在本章末尾,我顺便回顾了一些传统管理关注的众所周知的特征,不过我在知识工作背景下,我将赋予它们一些不同的意义。

传统管理优势的简明回顾

传统的管理模式是为了应对某个不同的环境而形成的,但它并不包括今天组织面临的环境。在上世纪之交,工业工作占据了主导地位。很多工人仅仅掌握手工艺和家务(home-based)劳动,他们对大型组织中的工作并不熟悉。大多数人没有受过教育;他们仅仅在外在压力驱动下才会努力工作。员工通常加入工会,而管理者却很少加入。工业工作并不具有很高的生产力,因此有必要对它作大量的分析和重新设计,以实现提高生产力的目的。"官僚主义"(bureaucracy)这一概念是由社会学家马克斯·韦伯(Max Weber)阐述的,它被认为是专业主义(professionalism)的一个积极特征,是独立于个人而存在的劳动和工作角色间的明确的分界线。[1]

多年来的证据表明,这种模式已经不再适应当代的工作环境,然而还没有明确的可供选择的模式来替代它。传统管理模式的哪些特征在知识员工时代还有意义呢? 同时我们将摒弃什么呢?. 为了评价出哪些方面仍具有相关性,我们有必要快速回顾一下管理者角色的设计。

> 管理经常被认为是与其他工作相分离的角色。管理人员负责管理,员工负责工作,两组活动间几乎没有重合部分。

> 管理过程假定员工所做的手工活都易于管理人员观察。工作的始末都有一个明确的时间,同时员工的绩效很容易测量。

> 员工被认为是自私的,只有考虑自己成功时才会贡献最大力量。管理者则应该始终持有较宽泛的组织利益意识。

> 人们认为一线和中层管理的主要活动是与员工进行双向信息沟通,同时代表员工把信息传递给高层管理者。在沟通链中越级联系被认为是不忠诚或煽动民心。

> 分析、改进工作过程和活动是可行的,但管理者的行为却被视为不易评估和改进。

> 管理需要更高的概念技能,它被认为是一个比非管理工作更优越、更有价值的活动。

> 人们都认为管理者能够更好地完成员工所做的工作,事实上,管理责任的一部分是指示员工怎样更有效地完成他们的工作。

> 管理者的工作就是思考,员工的工作就是行动。(正如亨利·福特指出的:"我想要的是一双好手,不幸的是,我必须把他们和人联系在一起。")

新型管理的优越性

当然,在一个经济和知识占主导的社会中,以上关于管理的结论已经几乎没有意义。知识和知识工作管理要求很多假设必须做改变。当知识员工管理者意识到这些假设的不适应时,他们确实做过一些变化,但对于管理知识员工有何意义仍然没有完全描述。美国、日本和欧洲的大多数组织都认为：尽管并非所有组织和工作设置都是知识密集型的，但知识应该引导我们思考管理的方式。

管理思想家谈论管理的新未来已有数十年了，但它一直在等待一个时代的到来，那就是知识员工占适当比例以及人们普遍认同知识是公司中最重要的资产。问题很明显，但却没有得到解决。德鲁克（Drucker）曾把它称作"管理新角色"的一个关键方面，目的是"使得知识更加富于生产力"——今天的一种婉转说法，尽管德鲁克30多年前就说了——我们仍然没有领会到如何做。[2]

正如工业员工的增值性创造了专业管理阶层的必要性，知识员工角色的出现和成熟也是下世纪管理的引导因素。因为知识是存在于人类大脑中的无形资产，管理将不再能就近观察和监控。另外，由于管理者和员工一样可以做知识工作，管理者和员工间严格的划分已经不再有意义。知识工作已经变成当代经济增长和差异化的主要因素，在成本和价值上，它和管理间的差异已经减小。知识经济时代的管理是一个不同的游戏，它有着不同的游戏规则。

考虑到那些重要的背景因素，未来的管理者们将不得不调整他们的行动去适应他们面对的新世界。在这章余下的部分里，我将描述一些可能会经历的特殊管理变革，包括：

➢ 从仅仅监控工作到参与工作

➢ 从组织官僚结构到组织社团

➢ 从雇用、解雇员工到招聘、留住员工

➢ 从建立手工技能到建立知识技能

➢ 从评估可见工作绩效到评估无形知识成效

➢ 从忽视文化到建立知识—友好文化

➢ 从支持官僚主义到将其拒之门外

➢ 从依赖内部员工到考虑多种资源

尽管知识员工管理的每个属性都仅仅代表 20 世纪后期管理者工作方式的一个变革,但合起来就造就了一场管理变革。

管理和从事知识工作

在提及知识工作管理者时,最重要的可能是他们做的不仅仅是管理。很多情况下,知识工作管理者也要从事具体的知识工作。法律、咨询以及会计公司的管理者经常有他们自己的客户。一个大学行政人员可以教学也可以做科研。在一个共有基金(mutual fund)公司中,投资分析师的经理都有分析师的行业背景。今天的管理者更可能被称为"运动员/教练"——从事具体的工作,同时还要监督其他人工作。[3]

这种混合的角色带来很多好处。只有那些从事具体工作的知识工作管理者才能接触到客户和顾客真正的关注点。这些管理者可能喜欢从事非管理的知识工作，可能他们觉得这是获得尊重的必要条件。正如罗萨贝斯·坎特所说的："随着官僚地位不再重要，来自官僚层级的正式权威不再有专门技术那么容易获得尊重，而获得尊重是构建影响力和领导关系所必备的。"[4]

　　但是"运动员/教练"的二重角色带来了冲突和不确定性。管理者们应该如何分配从事具体工作和管理的时间？知识员工的管理者应该是团队中最优秀的知识员工吗？如果那样，他和她是否应该把时间"浪费"在管理上？同时，如果管理者做了太多具体的工作，其他的传统管理功能，比如预算、计划以及人力资源管理等将会受到影响。

　　对于特定的个人和方案来说，管理和从事具体知识工作之间的平衡存在很大差异。但是，从基础上讲，管理别人这一角色和个人奉献是不同的。它牵涉到发展别人，同时培育自己的能力。管理是长期且不明确的，然而个人奉献的典型的特征则是与近期结果相关。因此，知识员工管理者经常花更多时间从事知识工作而非管理。在创造或执行一个这样的混合角色时，我们都应该预测一下现有基础上可能会出现的问题。

建立知识工作社团

　　知识员工不断被描述为自主、自由的代言人。尽管网络

时代（dot-com）兴起的"自由代理国家"（free agent nation）的美丽神话已经不复存在，还有很多知识员工在一些组织中独立地工作，且他们的数目一直不断在增加。但知识员工在哪里才能找到他们的社团？花费大量时间从事知识工作并不能取消对他们社团的需要——不仅仅聊天，还有和其他人面对面的接触。知识员工没有工会，他们也不需要工会。在今天跨功能工作场所中，一些专业协会的角色正逐渐退色，比如，工程师和销售人员、生产人员以及财务人员的关系很密切，不亚于和其他工程师之间的关系。由于所有的知识员工工作时间较长，寻找工作场所外面的社团变得日益困难。麻省理工学院的汤姆·马龙（Tom Malone）教授认为知识员工自由代理的"行业协会"将形成为一个社团，但迄今还没有它们出现的证据。[5]

知识员工管理者的一个关键角色就是创造工作社团。但基础是什么呢？工作团队可能形成一定程度上的社团，但仅仅因为团队成员的共同目标并不能意味着他们愿意分享知识。在全球范围内，虚拟组织、团队散布全世界。更具实质的社团基础可能就是知识。创造同类知识的知识员工可能最愿意加入社团。

事实上，基于知识的社团是最近"实践社团"（communities of practice）运动的核心。[6]实践社团成员从事类似的工作，但协会的目的是促进知识分享以及社交活动。这类社团的成员一般都创造知识、分享知识、利用知识——一般来说是免费的。管理者的工作变成了构建社团，促进和方便知识和社会资本的交流,同时,确保社团在必要时可以和其他社团交流。

很多咨询公司已经建立起很好的知识社团,这是一种联系分散的咨询师的主要方式,他们分享对某一个行业、商业问题和技术的兴趣。大多数这类组织同时满足面对面接触和电子沟通。但知识社团在工业公司里也是可行的。例如,克莱斯勒组织了100多个"技术俱乐部",使得不同领域的汽车工程师能够互相分享他们的知识。为了共享知识,每个俱乐部都有一个促进者(比如一个知识社团的管理者)和一个电子知识库。在一些环境中,几乎所有的工作都是在跨功能团队里进行的,俱乐部被认为是一种培育共享技术知识的方式。这些团队促进了克莱斯勒新汽车的开发,但他们也阻碍专家间详细知识的分享,被认为是改进质量的障碍;同时科技俱乐部还允许跨组织的知识流动。但是,在合并成为戴姆勒-克莱斯勒后,主管试图建立一个跨大西洋和合并组织的技术俱乐部,但地理和文化上的差异太强了,这阻碍了俱乐部的发展。在一个全球化的组织中,建立和培育一个联盟也并非易事,但最成功的知识工作管理者将会不得不学会如何处理它。

招聘和保留知识员工

知识工作管理者最重要的任务可能就是招聘和保留最优秀的知识员工。当然,员工雇用后的干预很关键,本书中一直在提这个问题,但对于如何招聘那些聪明、能干、有创造

力且能快速获得生产力的员工,我们还是有很多建议。在我看来,那些最佳的知识密集型公司的成功也都通常面临这个问题。麦克斯、微软和麦肯锡——他们都是很成功的知识密集型公司——总是在全球范围内尽力招聘行业内最聪明、最有才能的员工,保留那些高绩效员工。由于预计下个十年将会出现员工短缺,抢夺知识人才的战争只会愈演愈烈。除了最初的才能,还有一些其他影响绩效的因素——我希望能在本书(及一些最近的著作)中阐明。[7]综合这些研究有很大意义。

招聘和保留的重要性是众所皆知的。但是,人们却不很熟悉招聘和保留知识员工的最佳方法。例如,公司如何确保新员工能够具有激励职业生涯持续学习所必须的基本知识好奇心。作为一个在若干知名大学工作的教授,我的经验表明:获得这些知名大学学位的学生并不能意味着他们有知识好奇心。一个重要的"指标"就是观察候选人尝试收集目标公司的知识的努力程度。如果一个候选人没有表现出对职位很高的激情——在面试前查询公司网页或者年度报告——这个人在雇用后很可能不会很热心地去吸收知识。

除了知识好奇心,知识员工还有一些共同点。良好的沟通能力是其中之一;在招聘流程中,可能很多公司都尽力去引入一些写作、听力和演讲能力的测试。另外一个能力是和别人相处的能力。据我所知的一位 IT 管理者曾经在招聘新雇员中运用压力测试,他让秘书通知那些潜在新雇员测试结果被延迟了,然后观察这些候选人的态度,其中对秘书态度粗鲁的人将得不到这份工作。

　　如果组织想得到最优秀的知识员工，招聘将不得不成为一个高度重要的、持续的过程。组织不仅仅在职位空缺时才开始寻找知识员工，而应该将这种寻找变成一个重要的、持续的过程。公司应该维持一个在某段时间计划聘用的知识员工的数据库。思科系统，全球增长最快的通讯设备制造商，已经建立了一个具有 65000 名潜在雇员姓名的数据库。当一些人申请某个职位而当前又没有空缺时，思科管理者们将会跟踪这些潜在雇员的技能和背景，以备后用。通过思科网络学院，思科公司曾经尝试用信息技术网络提高一般员工技能水平——进一步稳定其招聘基础。

　　在今天，寻找知识员工是一个迫切的问题，但人口统计学趋势表明它将变得更加迫切。比如在美国，为了能够接替上一代即将退休的人，将会出现300万25~44岁间的工人的预期空缺。[8] 考虑到即将到来的知识员工短缺，留住这类员工变得和招聘同样困难——当然招聘和维持政策是相关的。想要留住最好的员工无疑是昂贵的，但相较招聘新员工，还是相对便宜。鼓舞人心的是知识员工认为金钱不是决定他们是否留任的主要因素。在最近一项对300多家公司员工开展的调查中，员工们认为在他们决定是否留任的意愿中，学习新技能的要求远远比金钱或者其他任何因素重要。在50个因素中，报酬是最不重要的因素（我得承认这难以置信）。调查中，员工也很看重他们的主管以及公司进展信息的反馈。

对有价值的知识员工的离职意愿，公司应该有明确规定的流程。比如在赛普拉斯半导体公司，当核心员工表明离职意愿时，公司将按部就班实施结构化的程序。公司在五分钟内将会回应这个离职宣布，然后把信息传递给总裁。总裁 T. J. 罗杰斯（T. J. Rodgers）非常相信知识经济下人力资本的首要性，并且性格很强势。我很不愿意跟他表明我的离职决定。公司也有一个高度结构化的招聘流程，获得本行业内一些最优秀的人才。[9]

不幸的是，大部分公司在招聘和留住员工问题上正在背道而驰。他们告诉员工说需要"自我依赖生涯"（career self-reliant），员工可以管理自己的生涯以及增加自己应对多种工作的可雇用性。正如杰佛瑞·菲佛（Jeffrey Pfeffer）提到的，"……当公司面临着由于自身计划导致的雇员流动时很惊讶"，[10]一些研究表明，在美国商业中，普通的裁员计划只会增加流动，同时挫伤那些留任员工的道德标准。[11]正如菲佛倡导的，可能切实的解决方案就是给那些组织所需的知识员工重新考虑终身雇用。

构建和传播技能

管理者们经常要负责帮助员工构建他们的技能。在上世纪之初时，弗雷德里克·泰勒（Frederick Taylor）就主张培养工人手工操作的能力。当然，现在的技能涉及知识获得、分析和运用。正如日本知识创造领袖野中郁次郎（Ikujiro Nonaka）经常评论的："学习型组织应该是一个教学组织。"[12]

但是学习型组织应该教些什么呢？正如我第六章所强调的，当前几乎没有大学和雇主关注构建个人信息和知识技能——怎样搜寻信息和知识，怎样确定可信的资源，怎样管理个人信息和知识环境等等。大部分知识员工对他们自身技能和知识环境投资不足。

构建知识技能的另外一个方案就是鼓励知识员工相互学习、教学。管理者应该鼓励知识员工理解他们自己如何工作，然后再把那些显性、隐性知识传播给别人。知识员工不仅仅有责任开发自身技能，还要确保他们并不是这些技能的唯一拥有者。为了更好的转移不同种类的知识，组织的学习和知识管理者应该提供一些指导方针。

比如，高度隐性知识最好通过长期的、面对面的指导关系转移，而显性知识则可以通过编纂（例如写）和电子化转移。当然，正是那些隐性知识控制着知识工作的高端。你将如何培养一个领导人的气质？如何在一个重要科技问题的前沿进行开发？这种学习只能通过长时间的面对面的交往。

创造一个知识—友好的文化

管理者并没有经常关注构建新的文化，即使他们有方法也仅仅强化现有的公司文化。但知识工作管理者需要构建一种与知识员工意愿一致的公司文化，否则他们将会跳槽。《华尔街杂志》引用了一位知识员工管理者的话："如果你正打算购买智力资本，公司文化就是一切。"[13] 能吸引员工的文化都具有什么特征呢？罗萨贝斯·坎特（Rosabeth Kanter）

和沃伦·贝里斯(Warren Bennis)的 5F 概括了最理想的知识导向的文化特征(也许所有员工都看重这些特征的大部分):快速、灵活、集中、友好和娱乐。[14]在今天的网络时代,我们意识到这些特征是很重要的;不过在几十年前的后繁荣黑色年代里,很多知识员工只要能有工作就很高兴了,那时人们很少意识到这些特征。由于经济的好转和人口结构的变化,加上劳动力市场的紧缩,5F 毫无疑问地得到重新重视。

商业生命的步伐似乎在不断地加快,知识员工想让他们公司的文化也跟上步伐。官僚层级惯性导致的商业变化反应迟缓可能是最令人沮丧的事。类似地,知识导向的公司也需要柔性——随着竞争环境的变化改变商业模式。知识员工希望他们的公司能够关注那些对公司成功至关重要的商业议题。另外,生命是有限的,工作却更长久,所以知识员工希望他们的工作是友好、有趣的。

知识员工文化也是社团中不可缺少的部分。管理者们应该与员工就目标和愿景创造一种协同意识。知识员工并不想因为别人为他设置目标而工作,他们更相信自己的决定是正确的。

具体的知识导向行为也是整体文化的一部分。比如说,我们应该完全认同坐在桌边读一份商业相关的书——至少在美国,这通常是私人时间里的知识行为。文化也应该支持基于知识和事实的决策制定和实行,它不应该仅仅靠感觉和直觉。知识员工管理者应该用他们自己的决定来树立榜样。

拒绝官僚主义

大多数知识员工有理由憎恨官僚主义。他们喜欢在没有过多的制度、政策及正式流程的环境中从事自己的工作。然而,大多数组织却通过推行严格的规则企图控制知识员工,因此知识员工管理者无论何时都有必要拒绝官僚主义,至少为官僚主义和知识员工间提供一个缓冲器(buffer)。正如沃伦·贝里斯和帕特·比尔德曼(Pat Biederman)在知识员工的"大型群体"(包括施乐的帕洛阿尔托研究中心的专家、洛克希德的"臭鼬工厂"员工、曼哈顿很多项目科学家)的研究中发现,大部分管理者扮演着协调官僚主义的角色。[15]他们消除障碍且赋予所需最小限度的官僚主义,从而使那些高绩效知识员工愉快、高效地工作。

但是,由于知识员工管理者本身也是知识员工,因此他们中的一些人可能认为把时间花在管理上并不是一个有意义的做法。事实上,类似官僚主义怪物(bureaucracy-buster)的需求使得招聘知识员工并培养他们成为管理者十分困难。在知识员工占大多数的组织中,一个潜在的解决方案就是雇用一个高效率的协调员,协调知识员工和官僚主义,然而他本身并不是知识创造者。另外一种解决方案就是在轮岗基础上让官僚角色成为一个临时的角色,正如大学里面长期采用的系主任制度。

知识工作资源获取

在构建内部资源前,富有责任感、机会意识的知识工作管理者会考虑知识工作的多种来源。在一些特定领域里(如战略咨询、法律服务),早已构建了知识员工的外部资源。不过执行主管在考虑投入的力度时,仍有一些新做法值得参考,包括以下措施:

签约外部专家。当所需知识并非公司特有专长,且有可利用的外部资源时,签约知识往往比内部开发或者雇用更有意义。这已经司空见惯,不过管理者们可能还没有意识到其运作的最佳环境。[16]签约者可以是长期或短期的,可以是个人知识员工或公司,可以基于流程(比如按时间和材料支付)或基于产出(按完成产品和服务支付)。一些组织甚至签约以前的员工,这是一种避免由于员工退休造成知识流失的方式。[17]但负责知识工作流程的最终责任还是落实到公司。

外包(outsourcing)。通过外包,组织就可以把服务的职能转移到外部。第一个被外包的知识密集型流程是信息技术,包括在很多合同中的软件开发(明显的知识工作行为)。但另外一些流程也在日益被外包出去。迄今大多数业务流程外包(BPO)项目都是业务服务而不是知识工作流程。然而,卖主确实提供具有各种业务功能的知识密集型服务,包括一些最优化的供应链、财务分析、人力资源规划以及市场细分及策划。一些组织已经开始外包这些分析导向的功能。

海外转移（offshoring）。一种日益流行的资源决策是业务流程的"海外转移"，这种方式通过外包给海外服务提供者，或者雇用海外员工。此外，第一个被海外转移的工作是行政性质的工作——数据输入、办公程序以及低水平的编程——主要目的是低成本。但现在很明显，组织能够把更多知识密集型的活动进行海外转移，他们的目标包括利用海外劳动力市场上可得的知识员工。微软转移到印度的已经不仅仅是低水平的编程，还包括高水平的建筑和设计活动，通用电气（GE）开始转移的只是低层次的服务，但如今在班加罗尔（Bangalore）外部建立了技术中心（JWFTC），使用这些设备来研究和开发多种业务。例如，通用在印度首先投资的是办公流程，但现在使用 JWFTC 的数据专家开发用于自主贷款决策的新运算法则。无论需要多熟练的专家，都可以在传统的西方人才市场上获得。

公开购买（open source）。注意到软件行业产品开发中"公开购买"模式的力量，组织正在开始把这种模式运用到各种知识工作活动中。对于任何公司来说，公司外部都具有更多的更聪明的人才。礼来公司（Eli Lilly）是医药行业中最热衷采纳这种模式的公司。它的子公司 Innocentive 在线提供化学、生物方面的问题，在世界范围内的科技社团中找寻解决方案。通过这些可用的网络，礼来公司不仅解决了自己的

科技问题,也解决了其他参与公司的问题,包括杜邦和波恩。在成功解决这些问题后,科学家们可以得到一万美元的报酬。礼来或者其他寻找方案的公司仅在问题解决后才给予支付——这是完全区别于典型的基于雇员配置的模式,对于后者,无论问题是否解决,雇员都得到报酬。毋庸置疑,"公开购买"的商业模式将会出现。

发现和留住知识员工经理的困难

相对于找到一位优秀的知识员工,找一位优秀的知识员工管理者应该会困难得多。知识员工管理是一个令人沮丧且困难的工作,主要是因为:亲自从事知识工作和管理两种角色间的冲突;平衡创造性、自主权和官僚主义必要性;留住知识员工的高难度。自然,很多知识员工也深知这一点。很多人认为管理角色的权力、荣誉以及递增的收入,都不值得他们去做这差事。

在创新和研发的文化管理中,倡导职业生涯发展的双重阶梯路径是一种很常见的想法。那些具有管理潜能的员工进入管理者的轨迹,而那些没有管理意向的员工则变成"同伴"(fellows)或者"高级工程师"。尽管知识员工和传统员工的管理存在差异,为那些有潜质成为知识员工管理者或教练/运动员的员工设计一条特殊的发展轨迹,这可能会有更大的意义。

可能我们可以从大学中找到一些解决这类问题的方案。教练/运动员角色是一个常提到的例子。大学校长和系主任经常已经获得终身教职,因此在他们感到力不从心时,他们能从知识管理工作带来的压力中解脱出来。正如我以上提到的,系主任职位经常是轮换的,系里面的每个初级教员只要有一些行政管理的才能(不幸的是,这很少包括系里面所有的教授),都有希望轮换做一次系主任。可能我们更多见到的是临时的或者一直轮换的知识员工管理者。

知识时代优秀的管理

现在我将讨论适用于所有种类的员工和组织的管理特征,这在知识工作背景下也同样重要,不过在知识时代背景下,我们需要对这些特征做一些特定的调整。对于一些读者来说,知识工作的观点可能是新的,但这些管理特征应该无一让人们觉得惊奇。

在这个背景下考虑组织。和其他员工比起来,大型组织中的知识员工更不满意自己成为"生活在肥沃黑土地中的蘑菇",他们需要知道工作相关的更广泛的背景,行业导向、公司在行业中的位置、关键公司行动(initiative)、具体绩效目标以及个人绩效如何与这些因素相关联。一线管理者就应该提供这些背景并把它转换成有意义的术语向每个人传达。

按公司方向调整项目。知识员工需要做自己觉得有趣、有意义的项目,同时也需要为组织目标奉献自己。通常情况下,知识员工管理者需要协调这些潜在的、客观的冲突。我

们都听过：3M 公司的研究人员都允许有 15％的个人时间，不过 85％的时间应该和知识员工管理者相一致。当我管理一群这样的研究人员时，这是面临的最难问题。

从分歧中学习、突破。所有的员工都可以向组织表达自己不同且有建设性的意见，但知识员工更为重要。首先，他们有很强的表达不同意见的能力。第二，如果他们不能表达不同意见，他们会觉得窒息和不被重视。管理者的工作就是识别那些建设性的意见，组织将从那些内部批评中学习。比如说，巴布森商学院的校长曾经向学生们宣布一个计划外的假期。大约 20 个教员通过电子邮件抗议这一做法，他们认为没有收到足够的警告来应对这个变化。后来，明智的校长取消了假期（在官方向学生宣布之前），表明了他听了教员们的意见，能够从对立观点中学习。

重新设计以及改进知识工作。管理的一个功能就是尽力改进工作绩效。在工业时代，人们一直采用泰勒的时间——动作研究模式。但今天的工作是知识工作，改进工作的原理必须被融于很多无形的知识工作步骤中。我在第四章已经描述了知识工作的流程化视角。不过，监视这种变化是管理者的工作——当然是以参与的方式。

和谐的团队决策。大部分员工都喜欢参与和商业职能以及现行单元相关的决策，这对知识员工更加重要。他们因拥有思考、决策以及执行的能力而得到报酬——为什么不让他们加入关键决策的制定？正如知识员工希望参与他们工作的设计一样，它们也希望能够参与那些影响他们的决策。因此，知识员工管理者需要创造高度参与性的决策制定过程——不需要独裁者。

激发好的目标。据说大部分员工都愿意从事一个好的工作，我觉得知识员工更是如此。"从事一个好工作"意味着一直处于忙碌状态，在工作中含有智力成分，感觉工作有积极影响以及能够得到其进展的反馈信息。那些能够激发好目标的管理者经常发现，知识员工在每周 40 小时内能更好地思考、交流以及解决问题。

跨越边界。消除具体组织的内外边界是一种很有益的方法，它可以传播创新、最佳实践以及所学教训。由于存在智力好奇心和学习欲望，知识员工倾向于这些活动。管理者应该给知识员工提供很多跨越组织的机会，包括参与轮换计划、访问客户、出席行业会议和大学合作等等，我认为（也有一些研究表明）：知识组织给予外界越多，他们得到的回报也越多。

促进社会网络。在第七章我曾论述了知识员工的社会网络，但我并没有在那讨论管理者在促进社会网络时的角色。管理者需要决定组织中哪些群体需要和其他哪些群体

交流合作。这种决定逻辑上导致了一系列旨在建立群体和个人联系的项目和相互作用。比如,惠普公司的一个主管在20世纪80年代得出的结论:日本的合资公司横河惠普(YHP)有一些高质量的生产方法,它也能促进提高公司其他部分的质量。因此,公司安排了一系列交叉访问——日本管理者到美国,美国管理者到日本——以建立他们的社会网络。这些协作产生了预期的效果,YHP的很多方法在全球范围内被采纳。不过如果没有面对面的接触,这种方法是不可能发生的。[18]

本章小结

这章中,我叙述了思考知识员工的管理和领导的方式。我认为,目前一些广为理解和实践的管理方法将继续适用于这类工作,而其他大部分是新的。

随着知识工作变成组织的主要活动,管理者和管理活动将继续存在,但已不再是可识别的形式。传统模式下的管理者坐在办公室里监视辛苦劳作的员工,偶尔查看一下工厂地板,这种角色已经过时。新模式下的管理者似乎是知识员工,但做的又不仅仅是日复一日的知识工作。他们也吸引和招聘知识员工,为他们创造一个积极的、公共的工作环境,同时消除那些影响创造率和生产效率的障碍。他们可能不是团队中最聪明的知识员工,但应该是最知晓如何激励和奖励员工的人。新管理者们不该位于高高的官僚层级顶端,而应该把自己的自我主义包含到他们所管理的知识员工中。

当然,如果我们想获得一种管理方法和某种类型工作和员工的配合精确度,我们将不得不通过管理实验来测量和学习——用技术、物理工作场所以及其他一些影响知识工作绩效的因素。我们可以通过每次只变一个因素来测量每一个中介变量,但事实上这些不同的因素总是牵连着一起出现。尽管我们在各自的章节中分别讨论了每个因素,知识员工管理者不得不考虑当这些因素合在一起时的情况。比如新管理认为:如果我们想在"自我管理"为主导的知识员工团队中更换一种管理方式,你可能需要用新的合作技术支持这些团队,需要具有个体知识员工间共享文件的能力,需要让团队成员靠近并增加非正式沟通的物理工作场所。

当然,问题是我们缺乏能理解所有绩效相关因素及其如何相互作用的管理者。组织的管理者和领导者只能试图提炼出部分因素——一种新的搜寻工具,一种新的办公椅子——实现促进绩效的目的。但却没有了解知识员工如何工作的整体方案——至少是便利条件——让他们取得更高效率和生产力。如果知识员工绩效是我们最紧迫的经济问题,管理者就应该开始理解和运用这些影响绩效的因素。

现在,你已经阅读了整本书——或者曾经想看看如何结束而翻阅到这里——你可能想知道如果我们什么都不做将会是什么样的结果。如果我们不努力提高知识员工的绩效,将会是什么样的后果呢?结果是相当可怕的。不考虑这个问题的组织将会落后于他们的竞争者,因为知识工作是今天的组织核心,正是这类的活动引导着组织的发展。在知识密

集行业中,那些不提高知识员工工作方式的组织将不能给他们的顾客提供更好的产品和服务,最终将会退出商业竞争。那些知识员工生产率相对低下的国家将会失去工作机会,转移到那些知识员工劳动力成本低却生产力高的国家。德鲁克认为:让知识员工更加富有生产力是决定经济发展的决定因素。和我们的长期竞争力和生存标准比起来,再也没有任何商业、经济问题比之更重要。

提升知识员工绩效的建议

> 高效管理对获取最好的知识员工至关重要,确保知识员工拥有一个富于生产力的工作环境,维持他们在组织中的满意感。

> 通常,知识员工管理者本身不得不是知识员工,他们是运动员/教练,这两种角色间的适当平衡是很重要的,但同时也是很难的。

> 知识员工在社团中工作,因此知识员工管理者应该有技巧创造、培养一个社团,必要时可以跨越地理距离。

> 由于招聘和留住优秀的知识员工是一个重要的活动,管理者应该具有发展完善的流程来识别、引进可能的人选,同时劝服留住那些迷失彷徨的员工。

> 高效的知识员工管理者需要创造一种知识—友好的文化,把官僚主义拒之门外,避免员工受到过分限制。

> 尽管外包的最初形式主要是业务性质,然而,随着组

织拥有公开购买的能力，更多复杂的知识工作正在被越来越多地外包、海外转移和管理。为了在竞争中立于不败之地，组织需要寻求可用的关键知识工作策略。

思考

注　释

第一章

1. James W. Cortada, "Where Did Knowledge Workers Come From?" in *Rise of the Knowledge Worker*, ed. James W. Cortada (Boston: Butterworth-Heinemann, 1998), 3-21.

2. Fritz Machlup, *The Production and Distribution of Knowledge in the United States* (Princeton, NJ: Princeton University Press, 1958; 1992 年再版)。

3. James Brian Quinn, *Intelligent Enterprise: A Knowledge and Service Baced Paradigm for Industry* (New York: Free Press, 1992)。

4. 我在 *Process Innovation: Reengineering Work through Information Technology* (Boston: Harvard Business School Press, 1993) 和 *Mission Critical: Realizing the Promise of Enterprise Systems* (Boston: Harvard Business School Press, 2000) 已经提到过过程。

5. 我在 *Working Knowledge* (与 Laurence Prusak 合著) (Boston: Harvard Business School Press, 1997); 和 *The Attention Economy: Understanding the New Currency of Business* (与 John C. Beck 合著) (Boston: Harvard Business School Press, 2000)。

6. John Seely Brown and Paul Duguid, *The Social Life of Information* (Boston: Harvard Business School Press, 2000), 95.

7. Julian E. Orr, *Talking About Machines: An Ethnography of*

a Modern Job(Ithaca,NY：Institute for Research on Learning Press,1996),1.

8. W. Chan Kim and Renée Mauborgne,"Fair Process：Managing in the Knowledge Economy," *Harvard Business Review*（January 2003）:127-136.

9. Warren Bennis, *Managing People Is Like Herding Cats：Warren Bennis on Leadership*（Provo,UT：Executive Excellence Publishing,1999）.

10. T. S. Eliot,*Old Possum's Book of Practical Cats*(1939;illustrated ed.,New York：Harcourt,1982).

第二章

1. 这一矩阵的最早版本由 Accenture 公司的 Leigh Donoghue 和 Jeanne Harris 开发,用来描述知识管理的不同战略。参见"Knowledge Management Strategies that Create Value," Outlook(后来由 Andersen Consulting 公开出版),January 1999,1. 在线见 http://www. accenture. com/xd/xd. asp? it ＝ enweb&xd ＝ ideas\outlook\1.99\over_currente4. xml。

2. 这个例子摘自 Dorothy Leonard-Barton, *Wellsprings of Knowledge*(Boston：Harvard Business School Press,1995)。

3. 这些过程特征中,有很多是 Ranganath Nayak 推荐给我。

4. Thomas H. Davenport and Nitin Nohria,"Case Management and the Integration of Labor," *Sloan Management Review*（Winter 1994）:11-23.

5. Don Cohen and Larry Prusak, *In Good Company：How Social Capital Makes Organizations Work*（Boston：Harvard Business School Press,2001）.

第三章

1. Peter Drucker 引自 Brent Schlender,"Peter Drucker Sets Us

Straight,"*Fortune*，December 29，2003。见网页 http://www.fortune.com/fortune/investing/articles/0,15114,565912,00.html。

2. Peter F. Drucker,"The New Productivity Challenge," *Harvard Business Review*(November-December 1991):70.

3. 对此,我如果显得有些自我辩护的话,完全是因为 Financial Times 的 Michael Skapiner 提议说这种泰勒体系与我曾经写过的一篇文章相关。参见"Ignorant on Knowledge,"*Financial Times*，November 13,2002,16.

4. Charles Leadbeater, *Living on Thin Air：The New Economy* (New York：Viking Press,1999).

5. 例如如何评价自我反馈的注意力分配,参见 Thomas H. Davenport 和 John C. Beck, *The Attention Economy* (Boston：Harvard Business School Press,2002)。

6. 软件工程研究所, *The Capability Maturity Model：Guidelines for Improving the Software Process*(Reading：Addison-Wesley, 1995)。

7. Mary Beth Crissis, Mike Conrad, and Sandy Shrum, *CMMI：Guidelines for Process Integration and Product Improvement*(Boston：Addison-Wesley, 2003).

8. Theresa Amabile, Constance N. Hadley, and Steven J. Kramer."Creativity Under the Gun," *Harvard Business Review*(August 2002):52-61.

9. 为了描述现今对公司实验的思考,特别需要考虑新产品开发过程,参见 Stefan M. Thomke, *Experimentation Matters*(Boston：Harvard Business School Press,2003);以及 Vijay Govindarajan 和 Chris Trimble,"Strategic Innovation and the Science of Learning," *Sloan Management Review*(Winter 2004):67-75。

第四章

1. Nelson P. Repenning and John Sterman, "Nobody Ever Gets

Credit for Fixing Problems that Never Happened: Creating and Sustaining Process Improvement," *California Management Review 43*, no4(Summer 2001):64-88.

2. Neil Swidey, "The Revolutionary," *Boston Globle Sunday Magazine*, January 4,2004.

3. 我开始接受这个区别是源于 Sirkka Jarvenpaa 和 Michael Beers 的文章,"Improving Knowledge Work Processes", *Sloan Management Review*(Summer 1996):53-65。

4. Maurice F. Holmes and R. B. Campbell Jr. , "Product Development Process: Three Vectors of Improvement," working paper, MIT Center for Innovation in Product Development,2003. Available online at http://dspace. mit. edu/handle/1721. 1/3819.

5. 知识分享和绩效之间关系的例子,参见 Jonathon N. Cummings, "Work Groups,Structural Diversity, and Knowledge Sharing in a Global Organization," *Management Science*(50:3,2004): 352-364。

6. Thomas H. Davenport, Robert I. Thomas, Kavin C. Desouze, "Reusing Intellectual Assets," *Industrial Management*, May 1,2003,12-17.

7. John Seely Brown and Paul Duguid, "Organizational Learning and Communities-of-Practice: Toward a Unified View of Working, Learning, and Innovation," *Organization Science 2* (February 1991): 40-57.

8. Brown 和 Duguid 在 *The Social Life of Information*(Boston: Harvard Business School Press, 2000),91-116 的第四章就过程视角和实践视角做了精心的区别。

9. 引自于 http://www. ey. com/global/content. nsf/Middle_East/Knowledge_Management_-_Tool。在美国运用的 Powerpack 工具由 Mark Fischrtti 在 1997 年发表的 *Fast Company* 中的文章中有

所描述，即 http：//www. fastcompany. com/magazine/10/powerpack. html 网站上的 "PowerPack Man：Dick Loehr's PowerPacks"。

10. Martin Fowler, "The New Methodology," on http：//www. martinfowler. com/articles/newMehthodology. html＃N400058.

第五章

1. 我认为是 Jeanne Harris（我在 Accenture 的先前的同事）首先接受了矩阵技术的视角，尽管我对最初的视角做了些修正。

2. 例如，参见 Anthony Gorry 和 Michael S. Scott Morton, "A Framework for Management Information System," *Sloan Management Review* 13(1971)：55-70。

3. 关于知识管理方面的书有上百本，但我还是偏向于 Thomas H. Davenport 和 Laurence Prusak 的书，*Working knowledge：How Organizations Manage What They Know*（Boston：Harvard Business School Press，1997）。

4. 参见 Robert G. Eccles 和 Julie Gladstone 做的案例分析，"KPMG Peat Marwick：The Shadow Partner," Harvard Business School case 9-492-002，1991。

5. 2002 年在 Berlin, Humboldt University 做的德尔菲研究。

6. Partner 系统和方法在 Thomas H. Davenport 和 John Glaser 的文章里有详细描述，"Just-in-Time Delivery Comes to knowledge Management," *Harvard Business Review*（July 2002）：107-111。

7. Gloria Gery, *Electronic Performance Support Systems*（Cambridge, MA：Ziff Institute，1991）.

8. 要寻找一些来自于博客潜在商业利益的例子，参见由 Halley Suitt 做的虚构的案例研究，"A Blogger in their Midst," *Harvard Business Review*（September 2003）：30-40。

第六章

1. 参见 Watts Humphrey 的两本书，*Introduction to the Person-*

al Software Process（Boston：Addison-Wesley,1996）；以及 *Intro-duction to the Team Software Process*（Boston：Addison-Wesley,1999）。

2. 例如，参见 Michael Doyle 和 David Straus, *How to Make Meetings Work!：The New Interaction Method*（New York：Berkley Books,1993）。

3. 除我之外，这个项目的研究人员还包括来自 Accenture 的 Meredith Vey（负责所有调查的数据分析），来自 American Productivity and Quality Center 的 Carla O'Dell, 来自 Microsoft 的 Mary Lee Kennedy 和 Susan Conway,以及来自 Xerox 的 Dan Holtshouse。

4. 我所知的一篇关于个人信息管理的文章的作者提出了这个正在调查中的现象，参见 Gordon B. Davis 和 J. David Naumann, *Personal Productivity with Information Technology*（New York：McGraw-Hill/IRWIN,1997）。

5. 所有关于地理群体之间的差异的结果，统计的精确水平是 0.05 或更高，除非在其他处有标注。

6. 参见 David Allen, *Getting Things Done：The Art of Stress-Free Productivity*（New York：Penguin,2003）。

7. 来自 California 的 Kevin Lynn 就是这样一位培训师。参见 http://www.officecoach.com。

第七章

1. 对这章中所用的社会网络分析方法，Rob Cross 和 Andrew Parker 曾给出了一个可以理解的指南。参看"The Hidden Power of Social Networks"（Boston, Harvard Business School Press, 2004）。这章中的一部分出现在 Rob Cross 和 Sue Cantrell 所著的"The Social Side of Performance," *Sloan Management Review*（Fall 2003）：20-22。

2. 为了详细描述如何进行社会网络分析，参见 Stanley Wasser-

man 和 Katherine Faust，*Social Networks Analysis*：*Methods and Application* （New York，Oxford University Press，1994）和 John Scott，*Social Networks Analysis*：*A Handbook* （London，Sage Publication，1991）。

3. Robert Kelly，*How to be a Star at Work*：*9 Breakthrough Strategies You Need to Succeed* (New York：Times Books，1998).

4. 参见 Sharon McKinnon 和 William Burns，The Information Mosaic(Boston，Harvard Business School Press，1992)。

5. David A. Garvin 在美国军队中运用了"行动后评核技术"，参见 *Learning in Action*：*Putting Organizational Learning to Work* （Boston，Harvard Business School Press，2003)。

6. 在 Thomas H. Davenport 和 Laurence Prusak 所著的*Working Knowledge*：*How Organizations Manage What They Know* （Boston，Harvard Business School Press，1998)，124，提到了惠普采用的 Connex 系统。

7. Interface Software press release，"Corporate Social Networking Fuels Growth and ROI for Interface Software Customers"，March 8，2004.

第八章

1. Dave De Long 也参加了这项研究的早期阶段，其观点描述在 Thoams H. Davenport，Robert J. Thoams 和 Sue Cantrell，"The Art and Science of Knowledge Worker Productivity ，" *Solan Management Review* （Fall 2002)：23-30。

2. Frank Becker and William Sim，*Offices that Work*：*Balancing Cost*，*Flexibility*，*and Communication*，Cornell University International Workplace Studies Program，October 2001. Available Online at http://iwsp. human. cornell. edu/pubs/pdf/IWS_0002. PDF.

3. Richard Florida，*The Rise of the Creative Class* （Basic

Books，2002），and "The Economic Geography of Talent"（working paper，available Online at http：//www. creativeclass. org/acrobat/ AAAG. pdf）．

4. M. Lynne Markus, "IT Support for Global Collaboration", Information Work Productivity Council Research Report，January 2004. Available Online at http：//iwpc. sharepoint. bcentral. com/iw-forum/Document％20Library/1/IWPC％20Research％20-20％IT％ Support％20for％20Global％20Collaboration. mht.

5. 麦库（1978）发现 20％的编程工作是单独进行的，也发现 20％是个人的写代码，2001 年发现 64％的工作是安静工作，在 Becker 和 Sims 的 *Offices that Work* 一书中都提到这些。

6. 为了讨论物理设备和构建社会资本间的角色，参看 Don Cohen 和 Laurence Prusak 的 *In Good Company：How Social Capital Makes Organizations work*（Boston，Harvard Business School Press，2001)155-182。

7. Thomas J. Allen, *Managing the Flow of Technology*（Cambridge，MA：MIT Press，1984）．

8. 关于 Steelcase 所用的测量方法，参见"Measuring Business Results：The Role of the Workplace"，Online at http：//www. Steelcase. com/na/knowledgedesign. aspx?f＝10255&c＝10907。

第九章

1. Max Weber, *Economy and Society*，ed. G. Roth and C. Wittich（New York：Bedminister Press，1968）．

2. Peter F. Drucker, "Management's New Role," *Harvard Business Review*（November-December 1969）：49-54.

3. 有本书把这种角色称为"运动员经理"，参见 Philip Augar 和 Joy Palmer：*Player Manager：The Rise of Professionals Who Manage While They Work*（Texere，2003）。

4. Rosabeth Moss Kanter, "Restoring People to the Heart of the Organization," in *The Organization of the Future*, ed. Frances Hesselbein, MarshallGoldsmith, and Richard Beckhard (San Francision: Jossey Bass, 1997), 139-150.

5. Thomas W. Mallon, *The Future of Work* (Boston: Harvard Business School Press, 2004).

6. Etienne Wenger, *Communities of Practice: Learning, Meaning, and Identity* (New York: Cambridge University Press, 1998).

7. 为了更多地识别招聘明星员工的风险,参见 Boris Groyberg, Ashish Nanda 和 Nitin Noohria, "The Risky Business of Hiring Stars," *Harvard Business Review* (May 2004): 92-100; Thomas J. Delong 和 Vineeta Vijayaraghavan "Let's Hear It for Players," *Harvard Business Review* (June 2003): 96-102。

8. 为了讨论如何避免工作场所知识的损失,参看 David W. De-Long, *Lost Knowledge: Confronting the Threat of an Aging Work-force* (New York, Oxford University Press, 2004).

9. Charles O'Relily, "Cypress Semiconductor (A): Vision, Values, and Killer Software," Stanford Business School Case Study, Case HR- 8A, 1998.

10. Jeffrey Pfeffer, *The Human Equation* (Boston: Harvard Business School Press, 1998), 163.

11. American Management Association, "Corporate Job Creation, Elimination, Downsizing: Summary of Key Findings", 1997.

12. Ikujiro Nonaka, Personal conversation with anthor, May 9, 2003.

13. 引自 Tom McHale of Aurora Enterprise Solutions in Thomas Petzinger Jr., "New Business Leaders Find Greater Profit Mixing Work, Carling" *The Wall Street Journal*, 2 April 1999, B1.

14. 五要素是 Rosabeth Kanter 归纳的，[比如在 Charles Handy，*The Age of Paradox* (Boston，Harvard Business School Press，1994)]，但是我也没有听 Warren Bennis 列举过。

15. Warren Bennis and Pat Biederman，*Organizing Genius* (Reading：Addison-Welsey，1997).

16. 关于为知识工作适合何种环境的讨论，出于 Alison Davis-Blake and Pamsy P. Hui，"Contracting Talent Knowledge-Based Competition," in *Managing Knowledge for Sustained Competitive Advantage*，ed. Susan E. Jackson，Michael A. Hitt，and Angeol S. Denisi(Boston：Jossey-Bass，2003)，178-2006.

17. David De Long，*Lost Knowledge：Confronting the Threat of an Aging Workforce*(New York，Oxford，2004).

18. 为了讨论惠普质量的历史，参看 Robert E. Cole，*Managing Quality Fads：How American Business Learned to Play the Quality Game* (New York，Oxford University Press，1999)。

作 者 简 介

　　托马斯·达文波特是巴布森学院信息技术与管理系系主任,同时也是埃森哲战略变革研究院(Accenture Institute for Strategic Change)的前任常务董事。他是巴布森学院高层管理者教育研究的项目负责人,主要承担三个项目的研究工作,即知识管理、流程管理和创新。

　　托马斯写作、合著并编辑过十本著作,其中包括第一本关于商业流程再造及实现企业系统价值的书,以及知识管理方面的畅销书《运营知识》(*Working Knowledge*)(与拉里·普鲁萨克合著)。他在《哈佛商业评论》、《斯隆管理评论》、《加利福尼亚管理评论》、《金融时报》等其他刊物上发表论文一百余篇。此外,他还是《信息周刊》、《达尔文》杂志的首席信息官版面的专栏作家。2003 年他被《咨询》(*Consulting*)杂志提名为全球顶尖 25 位咨询顾问之一。